"职通中文"系列教材
"Access to Vocational Chinese" Series Textbooks

# 电子信息技术

## Electronic Information Technology

郁云峰　总主编
于天琪　陈维昌　副总主编
北京工业职业技术学院　编

初级篇
Elementary

北京语言大学出版社
BEIJING LANGUAGE AND CULTURE
UNIVERSITY PRESS

**图书在版编目（CIP）数据**

电子信息技术. 初级篇 / 郁云峰总主编 ；北京工业
职业技术学院编. -- 北京 ： 北京语言大学出版社，
2025.8. --（"职通中文"系列教材）. -- ISBN 978-7-
5619-6658-7

I. H195.4

中国国家版本馆 CIP 数据核字第 2024D9P445 号

# 电子信息技术（初级篇）
## DIANZI XINXI JISHU（CHUJIPIAN）

| | |
|---|---|
| 责任编辑： | 王巧燕　赫　栗 |
| 英文编辑： | 孙齐圣 |
| 排版制作： | 北京青侣文化创意设计有限公司 |
| 责任印制： | 周　燚 |

出版发行：**北京语言大学出版社**

| | |
|---|---|
| 社　　址： | 北京市海淀区学院路 15 号，100083 |
| 网　　址： | www.blcup.com |
| 电子信箱： | service@blcup.com |
| 电　　话： | 编辑部　　8610-82303647/3592/3395 |
| | 国内发行　8610-82303650/3591/3648 |
| | 海外发行　8610-82303365/3080/3668 |
| | 北语书店　8610-82303653 |
| | 网购咨询　8610-82303908 |
| 印　　刷： | 北京瑞禾彩色印刷有限公司 |

| | | | |
|---|---|---|---|
| 版　次： | 2025 年 8 月第 1 版 | 印　次： | 2025 年 8 月第 1 次印刷 |
| 开　本： | 787 毫米 × 1092 毫米　1/16 | 印　张： | 19.75 |
| 字　数： | 230 千字 | | |
| 定　价： | 115.00 元 | | |

PRINTED IN CHINA

凡有印装质量问题，本社负责调换。售后QQ号1367565611，电话010-82303590

# 前言

为进一步推动各国学习者中文语言能力和专业技能深度融合，提升学习者围绕特定行业场景、典型工作任务使用中文进行沟通和交流的能力，持续满足中文学习者的职业规划和个人发展需求，实现优质教育资源共享，促进多彩文明交流互鉴，教育部中外语言交流合作中心联合有色金属工业人才中心，根据各国"中文+职业技能"教学发展实际需求，以中国职业院校为依托，组织职业教育、国际中文教育、出版和相关企业等领域的专家，共同研发"职通中文"系列教材及配套教学资源。

"职通中文"系列教材参照《国际中文教育中文水平等级标准》和《职业中文能力等级标准》，分为初、中、高三个等级。各等级均遵循"语言和技能相融合""好学、好教、好用"的编写理念，依据相关职业的典型工作场景、工作任务和高频用语，设计课文、会话、语言点和练习等板块，不断提升学习者在职业技术领域的中文应用水平和关键技术能力，为学习者尽快熟悉和适应工作环境提供帮助。本系列教材适用于在中国企业从事相关职业工作的各国员工，也适用于在华留学生或长短期培训人员，以及有意向了解中国语言文化和职业技能的学习者。

《电子信息技术（初级篇）》是"职通中文"系列教材之一，适用于中国"走出去"企业电子信息技术岗位本土员工的在岗语言和技术培训。通过学习本教材，本土员工能够有效提升其中文交际能力、技能操作水平，在从事相关工作时能够与中国员工、客户用中文进行简单的工作交流，掌握基础工作中需要的工具、仪器、设备的使用方法，以及电子元器件检测、焊接的全流程操作技巧，能够按照中文岗位说明书完成工作内容。教材同样适用于来华留学生或来华长短期参训人员，也适用于希望了解中国语言文化和职业技能的学习者。

本教材共 10 个典型工作任务，分别为生产安全、走进车间、使用工具、使用仪器、测试电阻、测试电容、测试二极管、测试三极管、加工导线、焊接技术。教材在这 10 个典型工作任务的工作流程中融入真实工作场景，设计对应课文，使学习者能够根据自己的工作岗位有针对性地开展学习。通过开展调研、检索文献等方法，项目团队为每个工作任务划定了约 15 个高频词语，结合电子信息技术工作中常用的短语、短句，设置配套词汇练习、课文练习、语法练习、综合练习等内容。

学习本教材后，学习者应当可以达到以下学习目标：

1. 掌握电子信息技术工作中常用的词汇、短语、句型和语法，能够在业务工作中熟练运用；

2. 掌握电子信息技术业务的初级职业技能，具备履行岗位工作的能力；

3. 熟练运用教材内容，从而在电子信息技术工作中进行交流，具备一定的中文读写能力；

4. 了解中国文化，具备跨文化交际意识。

教材涵盖电类相关专业的中文基础词汇和相应的基础操作。在编写过程中，编者结合多年教学实践经验，基于海外企业员工中文零基础和电子信息技术专业知识零基础等实际情况，对初级电子信息技术的典型工作任务加以提炼，在兼顾中文教学的同时，注重专业技能培训，体现了教材"中文+职业技能"的鲜明特色。

教材的编写团队由来自北京工业职业技术学院的教学名师组成。其中，张小燕、方园担任主编，王巍、孟晴担任副主编，樊利军、宋玉娥、周玮、林秀琴、金炫明（Nyunt LinnHtun）等参与编写。具体分工是王巍负责统稿工作，张小燕、方园、樊利军、林秀琴、金炫明（Nyunt LinnHtun）负责根据国际中文教育的最新标准和要求对语料进行加工，孟晴、宋玉娥、周玮负责翻译工作。

教材在编写过程中得到了宋凯、赵丽霞等领导的关心和支持，吸纳了崔永华、苏英霞、梁宇、宋继华、刘建国、梁赤民、陈曼倩等专家、学者提出的诸多宝贵建议，我们在此表示衷心的感谢。教材的编写和出版还得益于北京语言大学和北京语言大学出版社的鼎力支持和精心指导，在此一并表示感谢。

"职通中文"系列教材的出版和应用能够促进各国"中文+职业技能"人才的培养，推动当地经济发展，从而为构建人类命运共同体做出积极贡献。由于项目团队的学识和相关经验有限，加之时间紧迫，本书肯定有许多疏漏、不足之处。恳请本书的使用者将发现的问题反馈给我们，以便再版和编写相关教材时改进。

编写团队

2024 年11月

# Introduction

In order to further promote the deep integration of Chinese language proficiency and professional skills among learners from various countries and enhance their ability to communicate and interact in Chinese in specific industry scenarios and typical work tasks, the Center for Language Education and Cooperation under the Ministry of Education, in collaboration with China Nonferrous Metal Industry Talent Center, has organized experts from vocational education, international Chinese education, publishing, and related enterprises to jointly develop the "Access to Vocational Chinese" series of textbooks and supporting teaching resources. Based on the actual needs of "Chinese + Vocational Skills" teaching development in various countries and relying on Chinese vocational colleges, the series aims to continuously meet the career planning and personal development needs of Chinese learners, realize the sharing of high-quality educational resources, and promote exchanges and mutual learning among diverse civilizations.

In reference to *Chinese Proficiency Grading Standards for International Chinese Language Education and Chinese Proficiency Standards for Vocational Education*, the "Access to Vocational Chinese" series of textbooks is divided into three levels: elementary, intermediate, and advanced. All the levels follow the writing philosophy of "integrating language and skills" and "being easy to learn, teach, and use". The textbooks are designed around typical work scenarios, work tasks, and high-frequency terms of relevant professions, with sections on texts, conversations, language points, and exercises, continuously improving learners' Chinese application skills and key technical abilities in the vocational and technical fields, providing assistance for learners to quickly familiarize themselves with and adapt to the work environment. This series of textbooks is suitable for international employees engaged in relevant professions in Chinese companies, international students or trainees in

China, as well as learners interested in Chinese language, culture, and vocational skills.

*Electronic Information Technology (Elementary Level)* is one of the "Access to Vocational Chinese" series, which is suitable for the on-the-job language and technical training of local employees in electronic information technology positions in China's "going global" enterprises. By learning this textbook, local employees can improve their Chinese communication skills and operation level, so that they can carry out simple work communication with Chinese employees/customers in related work, master the use of tools, instruments and equipment required for basic tasks, as well as the operation skills of the whole process of electronic component testing, and welding, and can complete the work in accordance with the Chinese job description. This book is also suitable for international students or short-term trainees in China, as well as learners who want to learn about Chinese language, culture and vocational skills.

There are 10 typical work tasks in the book, which are production safety, entering the workshop, using tools, using instruments, testing resistance, testing capacitance, testing diodes, testing transistors, processing conductors, and welding techniques. The workflow of these 10 typical work tasks is integrated into the actual working scenes, with the corresponding texts designed to allow learners to tailor their studies according to their job roles. Through research and literature retrieval, the project team identified about 15 high-frequency words for each task, and combined phrases and short sentences commonly used in electronic information technology work, with vocabulary exercises, text exercises, grammar exercises, comprehensive exercises and other content, trying to help learners achieve their learning objectives.

After learning this book, learners should be able to achieve the following learning objectives:

1. To master the vocabulary, phrases, sentence patterns and grammar commonly used in electronic information technology work, and apply them skillfully in professional positions;

2. To master the elementary professional skills in electronic information technology and be capable of performing job tasks;

3. To be able to use the textbook content skillfully, enabling communication in electronic information technology tasks, and develop basic Chinese reading and writing skills;

4. To understand Chinese culture and develop cross-cultural communication awareness.

The book covers the basic Chinese vocabulary and corresponding basic operations of electrical related majors. In the process of compiling, the editors drew on years of teaching experience and considered the reality of overseas employees' zero foundation in both Chinese language and electronic information technology knowledge to refine the typical tasks of beginner-level electronic information technology. While focusing on Chinese instruction, the book emphasizes professional skill training and highlights the distinctive "Chinese + Vocational Skills" features.

The compiling team of the textbook is composed of famous teachers from Beijing Polytechnic College. Among them, Zhang Xiaoyan and Fang Yuan served as the editors-in-chief, Wang Wei and Meng Qing as the deputy editors-in-chief, while Fan Lijun, Song Yu'e, Zhou Wei, Lin Xiuqin, Nyunt LinnHtun, and others contributed as co-authors. The specific roles are as follows: Wang Wei is responsible for drafting, Zhang Xiaoyan, Fang Yuan, Fan Lijun, Lin Xiuqin and Nyunt LinnHtun are responsible for processing the materials according to the latest standards and requirements of teaching Chinese as a foreign language, and Meng Qing, Song Yu'e and Zhou Wei are responsible for translation.

The development of the textbook has received attention and support from leaders such as Song Kai and Zhao Lixia. We are deeply grateful for the invaluable suggestions provided by esteemed experts and scholars, including Cui Yonghua, Su Yingxia, Liang Yu, Song Jihua, Liu Jianguo, Liang Chimin, and Chen Manqian. We would also like to extend our sincere thanks to Beijing Language and Culture University and Beijing Language and Culture University Press for their strong support and meticulous guidance, which greatly contributed to the success of this book.

The publication and application of the "Access to Vocational Chinese" series of textbooks aim to develop talents with "Chinese + Vocational Skills" across the world, promote local economies, and make positive contributions to building a community with a shared future. Due to limited knowledge and related experience of the project team, as well as time constraints, this book is bound to have many deficiencies that need improvement. We sincerely invite users of this book to provide feedback on any issues discovered, so that we can make improvements in future editions and related materials.

Compiling team,
November 2024

# 词类简称表
## List of Abbreviations of Parts of Speech

| 词性<br>Part of speech | 英译<br>English | 简称<br>Abbreviation |
|---|---|---|
| 名词 míngcí | noun | *n.* |
| 专有名词 zhuānyǒu míngcí | proper noun | *pn.* |
| 代词 dàicí | pronoun | *pron.* |
| 数词 shùcí | numeral | *num.* |
| 量词 liàngcí | measure word | *m.* |
| 数量词 shùliàngcí | quantifier | *q.* |
| 动词 dòngcí | verb | *v.* |
| 能愿动词 néngyuàn dòngcí | optative | *opt.* |
| 形容词 xíngróngcí | adjective | *adj.* |
| 副词 fùcí | adverb | *adv.* |
| 介词 jiècí | preposition | *prep.* |
| 连词 liáncí | conjunction | *conj.* |
| 助词 zhùcí | particle | *part.* |
| 叹词 tàncí | interjection | *int.* |
| 前缀 qiánzhuì | prefix | *pref.* |
| 后缀 hòuzhuì | suffix | *suf.* |
| 短语 duǎnyǔ | phrase | *phr.* |

# 目录  Contents

第 1 课　绝缘导线　　　　　Lesson 1　Insulating the Wire ············· 1

第 2 课　防静电　　　　　　Lesson 2　Preventing Static Electricity ···· 9

第 3 课　扑灭电气火苗　　　Lesson 3　Putting out Electrical Fires ···· 19

第 4 课　认识标志　　　　　Lesson 4　Recognizing the Signs ········ 28

第 5 课　找我的工位　　　　Lesson 5　Looking for My Workstation

　　　　　　　　　　　　　　　　　　·············································· 38

第 6 课　认识工艺卡片　　　Lesson 6　Understanding a Craft Card ··· 47

第 7 课　加工电阻引脚　　　Lesson 7　Processing Resistor Pins ······ 57

第 8 课　使用剥线钳　　　　Lesson 8　Using a Wire Stripper ········· 67

第 9 课　使用普通电烙铁　　Lesson 9　Using an Ordinary Soldering

　　　　　　　　　　　　　　　　　　Iron ·············································· 76

第 10 课　使用恒温电烙铁　　Lesson 10　Using a Temperature-Controlled

　　　　　　　　　　　　　　　　　　Soldering Iron ················· 86

第 11 课　检测是否有电　　　Lesson 11　Checking for Power ··········· 96

第 12 课　准备数字万用表　　Lesson 12　Preparing a DMM ············ 106

第 13 课　准备指针万用表　　Lesson 13　Preparing an Analog

　　　　　　　　　　　　　　　　　　Multimeter ··················· 116

第 14 课　测量电阻值　　　　Lesson 14　Measuring the Value of

　　　　　　　　　　　　　　　　　　Resistance ···················· 126

第 15 课　检测固定电阻　　　Lesson 15　Testing the Fixed Resistor ···· 135

第 16 课　检测电位器　　　　Lesson 16　Testing the Potentiometer ···· 144

第 17 课　测量瓷片电容　　　Lesson 17　Measuring the Capacity of a

　　　　　的容量　　　　　　　　　　　　Ceramic Capacitor ··········· 154

第 18 课　测量电解电容　　　Lesson 18　Measuring the Capacity of an

　　　　　的容量　　　　　　　　　　　　Electrolytic Capacitor ········ 164

第 19 课　检测电容　　　　　Lesson 19　Testing the Capacitance ····· 174

第 20 课　看外观判断二极管　　Lesson 20　Judging the Polarity of Diode
　　　　　引脚极性　　　　　　　　　　　　Pins by Appearance ········ 183

第 21 课　用指针万用表判断　　Lesson 21　Judging the Polarity of
　　　　　二极管引脚极性　　　　　　　　　Diode Pins by Pointer
　　　　　　　　　　　　　　　　　　　　　Multimeter ················· 192

第 22 课　用数字万用表判断　　Lesson 22　Judging the Polarity of Diode
　　　　　二极管引脚极性　　　　　　　　　Pins by DMM ·············· 201

第 23 课　检测二极管　　　　　Lesson 23　Testing a Diode ············· 210

第 24 课　用指针万用表判断　　Lesson 24　Judging the Base Electrode
　　　　　基极和型号（NPN）　　　　　　　and Type (NPN) with an Analog
　　　　　　　　　　　　　　　　　　　　　Multimeter ················· 219

第 25 课　用指针万用表判断　　Lesson 25　Judging the Base Electrode
　　　　　基极和型号（PNP）　　　　　　　and Type (PNP) with an Analog
　　　　　　　　　　　　　　　　　　　　　Multimeter ················· 228

第 26 课　用指针万用表判断　　Lesson 26　Judging the Collector and
　　　　　集电极和发射极　　　　　　　　　Emitter (NPN) with an Analog
　　　　　（NPN）　　　　　　　　　　　　 Multimeter ················· 238

第 27 课　用指针万用表判断　　Lesson 27　Judging the Collector and
　　　　　集电极和发射极　　　　　　　　　Emitter (PNP) with an Analog
　　　　　（PNP）　　　　　　　　　　　　 Multimeter ················· 247

第 28 课　用数字万用表判断　　Lesson 28　Judging the Base Electrode
　　　　　基极和型号　　　　　　　　　　　and Type with DMM ······· 256

第 29 课　用数字万用表检测集　Lesson 29　Testing the Collector, Emitter
　　　　　电极、 发射极和 $\beta$　　　　　　 and $\beta$ with DMM ·········· 265

第 30 课　加工单芯导线　　　　Lesson 30　Processing a Single-Core
　　　　　　　　　　　　　　　　　　　　　Wire ····················· 274

第 31 课　加工多芯导线　　　　Lesson 31　Processing a Multi-Core
　　　　　　　　　　　　　　　　　　　　　Wire ····················· 283

第 32 课　焊接步骤　　　　　　Lesson 32　Welding Procedure ········ 293

第1课
Lesson 1

Juéyuán　dǎoxiàn
**绝缘导线**
**Insulating the Wire**

## 热身 Warm-up

给词语选择对应的图片。**Choose the corresponding pictures for the words.**

|  A  |  B  |  C  |  D  |  E  |

❶
pò
破　　　　broken　　　　　　　　　　　　（　　）

❷
juéyuán
绝缘　　　insulation　　　　　　　　　　（　　）

❸
dǎoxiàn
导线　　　wire　　　　　　　　　　　　（　　）

❹
jiāodài
胶带　　　tape　　　　　　　　　　　　（　　）

❺
diànlàotie
电烙铁　　soldering iron　　　　　　　　（　　）

1

## 学习生词 Words and Expressions 🎧 01-01

| 1 | 这 | zhè | *pron.* | this |
|---|---|---|---|---|
| 2 | 把 | bǎ | *m.* | *a unit of quantity representing a person/thing/action* |
| 3 | 电烙铁 | diànlàotie | *n.* | soldering iron |
| 4 | 不能 | bù néng | *phr.* | unable |
| 5 | 用 | yòng | *v.* | to use |
| 6 | 为什么 | wèi shénme | *phr.* | why |
| 7 | 的 | de | *part.* | *used after an attribute* |
| 8 | 导线 | dǎoxiàn | *n.* | wire |
| 9 | 破 | pò | *v.* | to be broken |
| 10 | 了 | le | *part.* | *used at the end of or in the middle of a sentence to indicate a change or a new circumstance* |
| 11 | 怎么办 | zěnme bàn | *phr.* | what to do |
| 12 | 胶带 | jiāodài | *n.* | adhesive tape |
| 13 | 绝缘 | juéyuán | *n.* | insulation |

### 专有名词 Proper Nouns

| 1 | 王天 | Wáng Tiān | *pn.* | Wang Tian (a Chinese name) |
|---|---|---|---|---|
| 2 | 乔治 | Qiáozhì | *pn.* | George (an English name) |

## 📖 词语练习 Word Exercises

**1.** 给下面的词语选择对应的图片。Choose the corresponding pictures for the following words.

A     B     C     D

❶ 导线 _____     ❷ 破 _____

❸ 电烙铁 _____    ❹ 胶带 _____

**2.** 朗读词语。Read the words aloud.

❶ 这   ❷ 不能   ❸ 的   ❹ 把   ❺ 了   ❻ 用

 ## 学习课文 Text  01-02

Juéyuán dǎoxiàn
## 绝缘导线

Wáng Tiān:   Zhè bǎ diànlàotie bù néng yòng.
**王天：** 这 把 电烙铁 不 能 用。

Qiáozhì:   Wèi shénme?
**乔治：** 为 什么？

Wáng Tiān:　Diànlàotie de dǎoxiàn pò le.
王天：电烙铁的导线破了。

Qiáozhì:　Zěnme bàn?
乔治：怎么办？

Wáng Tiān:　Yòng jiāodài juéyuán.
王天：用胶带绝缘。

## Insulating the Wire

Wang Tian: You can't use this soldering iron.

George: Why?

Wang Tian: Its wire is broken.

George: What should I do?

Wang Tian: You need to insulate it with tape.

## 课文练习 Text Exercises

**1.** 根据课文选词填空。**Fill in the blanks with the appropriate words according to the text.**

| A. 胶带 | B. 为什么 | C. 怎么办 | D. 导线 |

1 电烙铁的 _____ 破了。

2 破了的导线用 _____ 绝缘。

3 导线破了 _____ ？

4 这把电烙铁 _____ 不能用？

**2.** 按照事件发生顺序给下列句子排序。**Sort the following sentences in chronological order.**

**1** 电烙铁不能用。　　**2** 导线破了。

**3** 电烙铁能用了。　　**4** 用胶带绝缘。

---

## 学习语法 Grammar

### 语法点 1　Grammar Point 1

**结构助词"的"　The Structural Particle "的"**

一般用于定语后，名词前。例如：

"的" is generally used after the attribute and before the noun. For example:

Diànlàotie de dǎoxiàn pò le.
**1** 电 烙 铁 的 导线 破 了。

Pò de dǎoxiàn bù juéyuán.
**2** 破 的 导线 不 绝缘。

Juéyuán de dǎoxiàn néng yòng.
**3** 绝缘 的 导线 能 用。

### 语法点 1 练习　Exercise on Grammar Point 1

给"的"选择合适的位置。**Choose the appropriate positions for "的".**

**1** A 电烙铁 B 导线 C 破了 D。　　　　　　（　　　）

**2** A 破 B 导线 C 不 D 绝缘。　　　　　　（　　　）

**3** A 绝缘 B 导线 C 能 D 用。　　　　　　　　　　　　（　　）

**4** A 我 B 电烙铁 C 不能 D 用了。　　　　　　　　　　　（　　）

## 语法点 2　Grammar Point 2

**"了"表示变化　"了"Indicating a Change**

**"了"用于句末，表示变化或出现新情况。例如：**

"了" is used at the end of a sentence to indicate a change or the occurrence of a new situation. For example:

Dǎoxiàn pò le.
**1** 导线 破 了。

Zhè bǎ diànlàotie bù néng yòng le.
**2** 这 把 电烙铁 不能 用 了。

Dǎoxiàn bù juéyuán le.
**3** 导线 不 绝缘 了。

## 语法点 2 练习　Exercise on Grammar Point 2

**连词成句。Make sentences with the words.**

**1** ①导线　②了　③破

_____

**2** ①能　②不　③电烙铁　④用　⑤了

_____

**3** ①绝缘　②了　③不　④导线

_____

**4** ①的　②我　③能　④胶带　⑤不　⑥用　⑦了

_____

# 汉字书写 Writing Chinese Characters

yī 一

èr 二 二

sān 三 三 三

shí 十 十

# 职业拓展 Career Insight

### Site Management

Site management refers to the use of scientific standards and methods to manage the production factors of the production site. This includes people (workers and management personnel), machines (equipment, tools, station appliances), materials (raw materials), methods (processing and testing methods), environment, information, as well as reasonable and effective planning, organization, coordination, control and testing, to ensure an optimal combination.

## 小结　Summary

### 词语　Words

朗读下列词语。**Read aloud the following words.**

| | | | |
|---|---|---|---|
| 这 | 电烙铁 | 不能 | 用 |
| 为什么 | 导线 | 胶带 | 绝缘 |

### 语法　Grammar

朗读下列句子。**Read aloud the following sentences.**

1 电烙铁的导线破了。

2 破的导线不能用。

3 导线破了。

4 电烙铁不能用了。

### 课文理解　Text Comprehension

根据提示，复述课文的主要内容。**Retell the main content of the text according to the prompts.**

电烙铁——导线破了——绝缘

第2课
Lesson 2

*Fáng    jìngdiàn*
防静电
Preventing Static Electricity

## 复习 Revision

图文连线。**Match the pictures with the corresponding words.**

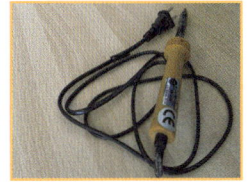

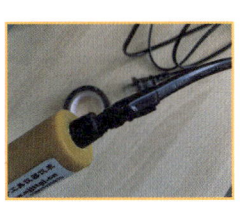

• 胶带

• 导线

• 电烙铁

• 破

• 绝缘

## 热身 Warm-up

给词语选择对应的图片。**Choose the corresponding pictures for the words.**

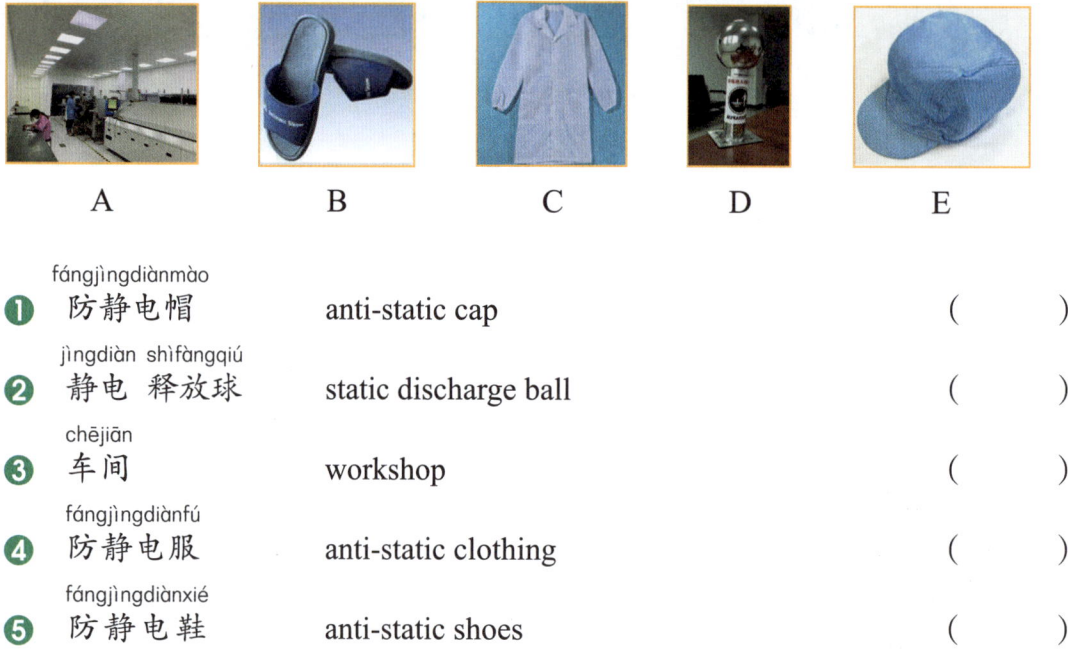

| A | B | C | D | E |

fángjìngdiànmào
❶ 防静电帽　anti-static cap　　　　　　　（　　）

jìngdiàn shìfàngqiú
❷ 静电 释放球　static discharge ball　　（　　）

chējiān
❸ 车间　workshop　　　　　　　　　　（　　）

fángjìngdiànfú
❹ 防静电服　anti-static clothing　　　　（　　）

fángjìngdiànxié
❺ 防静电鞋　anti-static shoes　　　　　（　　）

## 学习生词 Words and Expressions 🎧 02-01

| 1 | 防 | fáng | *v.* | to provide against, to defend against |
|---|---|---|---|---|
| 2 | 静电 | jìngdiàn | *n.* | static electricity |
| 3 | 我 | wǒ | *pron.* | I, me |
| 4 | 能 | néng | *opt.* | able |

| 5 | 进 | jìn | *v.* | to enter, to come/go in |
| 6 | 车间 | chējiān | *n.* | workshop |
| 7 | 吗 | ma | *part.* | *used at the end of a question* |
| 8 | 穿 | chuān | *v.* | to wear, to put on |
| 9 | 防静电服 | fángjìngdiànfú | *n.* | anti-static clothing |
| 10 | 鞋（子） | xié (zi) | *n.* | shoe |
| 11 | 戴 | dài | *v.* | to wear, to put on |
| 12 | 帽（子） | mào (zi) | *n.* | cap |
| 13 | 摸 | mō | *v.* | to touch, to feel |
| 14 | 静电释放球 | jìngdiàn shìfàngqiú | *phr.* | static discharge ball |
| 15 | 再 | zài | *adv.* | again, once more |

## 词语练习 Word Exercises

1. 给下面的词语选择对应的图片。**Choose the corresponding pictures for the following words.**

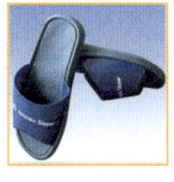
A

B

C

D

❶ 防静电鞋＿＿＿＿＿＿＿　　❷ 车间＿＿＿＿＿＿＿

❸ 防静电帽＿＿＿＿＿＿＿　　❹ 防静电服＿＿＿＿＿＿＿

**2.** 朗读词语搭配。**Read aloud the word collocations.**

| ❶ 防静电 | 防静电服 | ❷ 穿 | 穿防静电服 |
| --- | --- | --- | --- |
| | 防静电鞋 | | 穿防静电鞋 |
| | 防静电帽 | ❸ 戴 | 戴防静电帽 |

 学习课文 Text 🎧 02-02

Fáng jìngdiàn
## 防 静 电

Qiáozhì: Wǒ néng jìn chējiān ma?
乔治：我 能 进 车间 吗？

Wáng Tiān: Chuānle fángjìngdiànfú、 fángjìngdiànxié, dàile fáng-
王天：穿了 防静电服、 防静电鞋，戴了 防

jìngdiàn mào, mōle jìngdiàn shìfàngqiú zài jìn.
静电帽，摸了 静电 释放球 再进。

### Preventing Static Electricity

George: Can I go into the workshop?

Wang Tian: You must wear anti-static clothing, anti-static shoes and an anti-
static cap, and touch the static discharge ball before entering.

## 课文练习 Text Exercises

**1. 根据课文选词填空。Fill in the blanks with the appropriate words according to the text.**

1 进车间要穿＿＿＿＿＿。

    A. 防静电服　　　　　　　　B. 防静电帽

2 摸了＿＿＿＿＿再进车间。

    A. 防静电鞋　　　　　　　　B. 静电释放球

3 进车间要＿＿＿＿＿防静电鞋。

    A. 戴　　　　　　　　　　　B. 穿

4 进车间要＿＿＿＿＿防静电帽。

    A. 戴　　　　　　　　　　　B. 穿

**2. 按动作发生顺序给下列句子排序。Sort the following sentences in the order of actions.**

1 再进车间。

2 穿了防静电服、防静电鞋。

3 摸了静电释放球。

4 戴了防静电帽。

＿＿＿＿＿＿＿＿＿＿＿＿＿＿＿＿＿＿＿＿＿

**13**

 学习语法 Grammar

语法点1　**Grammar Point 1**

用"吗"的疑问句　Interrogative Sentences with "吗"

疑问助词"吗"表示疑问语气，用在陈述句句尾，构成疑问句。例如：

The interrogative particle "吗" indicates an interrogative tone and is used at the end of a declarative sentence to form a question. For example:

Wǒ néng jìn chējiān ma?
1 我 能 进车间 吗？

Wǒ néng yòng zhè bǎ diànlàotie ma?
2 我 能 用 这把电烙铁 吗？

Dǎoxiàn juéyuán le ma?
3 导线 绝缘 了 吗？

语法点1练习　**Exercise on Grammar Point 1**

给"吗"选择合适的位置。**Choose the appropriate positions for "吗".**

1 A 我 B 能 C 进车间 D？ 　　　　　　　　　　（　　　）

2 A 我能 B 用这把 C 电烙铁 D？ 　　　　　　　（　　　）

3 A 导线 B 绝缘 C 了 D？ 　　　　　　　　　　（　　　）

4 A 我能 B 用 C 胶带 D？ 　　　　　　　　　　（　　　）

## 语法点 2　Grammar Point 2

### 副词 "再"　The Adverb "再"

**表示一个动作发生在另一个动作结束之后。例如：**

It indicates that an action takes place after another action has been completed. For example:

Mōle jìngdiàn shìfàngqiú zài jìn.
**1** 摸了静电 释放球 再进。

Diànlàotie de dǎoxiàn juéyuánle zài yòng.
**2** 电烙铁 的 导线 绝缘了 再用。

Chuānle fángjìngdiànfú zài dài fángjìngdiànmào.
**3** 穿了 防静电服 再戴 防 静 电 帽。

## 语法点 2 练习　Exercise on Grammar Point 2

连词成句。Make sentences with the words.

**1** ①摸　　②静电释放球　　③进　　④再　　⑤了

_____

**2** ①导线　　②了　　③再　　④绝缘　　⑤用

_____

**3** ①穿　　②了　　③防静电服　　④防静电帽　　⑤再　　⑥戴

_____

**4** ①戴　　②防静电帽　　③摸　　④再　　⑤静电释放球　　⑥了

_____

## 汉字书写 Writing Chinese Characters

## 文化拓展 Culture Insight

**Chinese New Year—Spring Festival**

Spring Festival, or Chinese New Year, is the most important traditional festival in China. Spring Festival is a happy and peaceful time, and also a period for family reunion. Every year during Spring Festival, people who are away from home rush back home to celebrate Spring Festival with their relatives. Together they paste antithetical couplets, set off firecrackers, eat dumplings, watch Spring Festival Gala, etc. Children love Spring Festival best because they can get lucky money from their elders. The bustling, festival atmosphere not only permeates in every household, but also the streets and alleys. In some places, there are cultural activities such as lion dances, dragon lantern shows, temple fairs, etc.

## 小结 Summary

 **词语 Words**

朗读下列词语。**Read aloud the following words.**

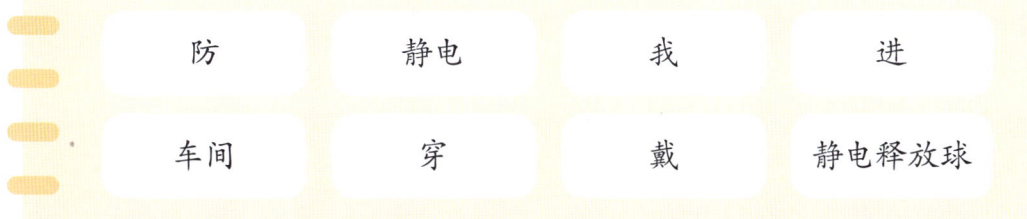

| 防 | 静电 | 我 | 进 |
|---|---|---|---|
| 车间 | 穿 | 戴 | 静电释放球 |

**语法 Grammar**

朗读下列句子。**Read aloud the following sentences.**

1 我能进车间吗?

2 导线绝缘了吗?

3 摸了静电释放球再进。

4 电烙铁的导线绝缘了再用。

## 课文理解　Text Comprehension

根据提示，复述课文的主要内容。**Retell the main content of the text according to the prompts.**

穿防静电服、防静电鞋——戴防静电帽——摸静电释放球——进车间

# Pūmiè diànqì huǒmiáo
# 扑灭电气火苗
## Putting out Electrical Fires

 **复习 Revision**

图文连线。**Match the pictures with the corresponding words.**

· 防静电帽 ·

· 防静电鞋 ·

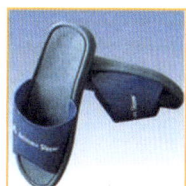

· 车间 ·

· 摸 ·

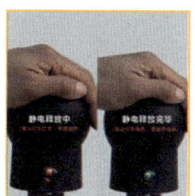

· 防静电服 ·

· 静电释放球 ·

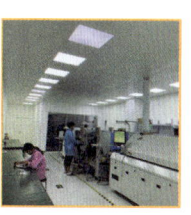

# 热身 Warm-up

给词语选择对应的图片。**Choose the corresponding pictures for the words.**

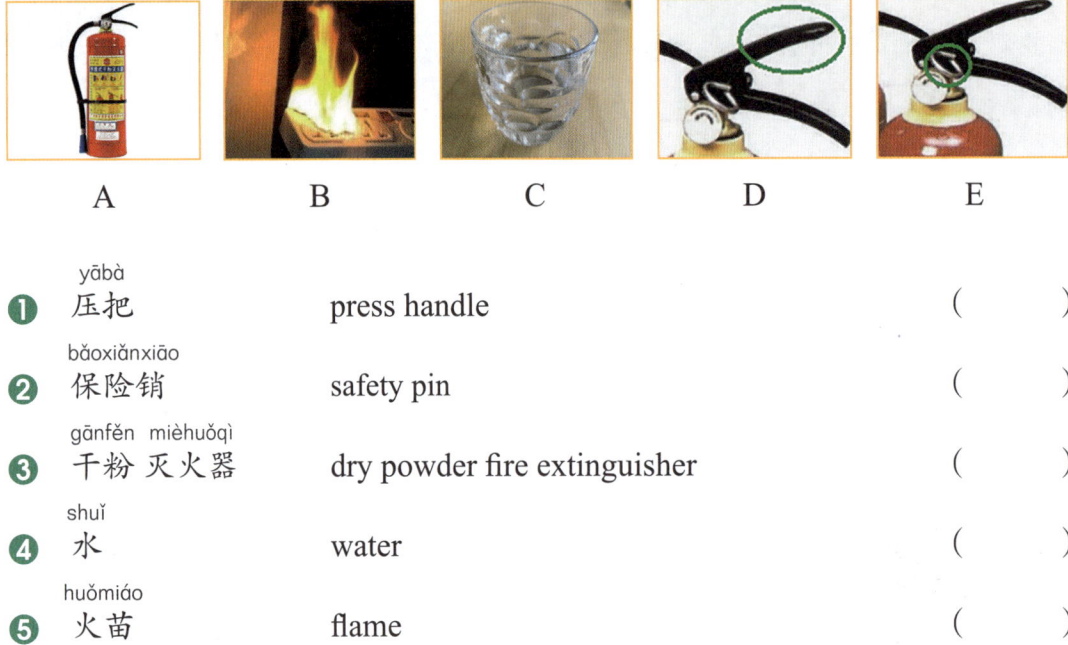

| A | B | C | D | E |

|   yābà    |                |                             |   |   |
| **❶ 压把** | press handle    |                             | ( |   ) |
|   bǎoxiǎnxiāo |              |                             |   |   |
| **❷ 保险销** | safety pin     |                             | ( |   ) |
|   gānfěn mièhuǒqì |          |                             |   |   |
| **❸ 干粉 灭火器** | dry powder fire extinguisher |          | ( |   ) |
|   shuǐ     |                |                             |   |   |
| **❹ 水**   | water          |                             | ( |   ) |
|   huǒmiáo  |                |                             |   |   |
| **❺ 火苗**  | flame          |                             | ( |   ) |

# 学习生词 Words and Expressions  03-01

| 1 | 扑灭 | pū//miè | *v.* | to put out a fire |
| 2 | 电气 | diànqì | *n.* | electrical, electric |
| 3 | 火苗 | huǒmiáo | *n.* | flame |
| 4 | 要 | yào | *opt.* | to want, would like to |
| 5 | 干粉灭火器 | gānfěn mièhuǒqì | *phr.* | dry powder fire extinguisher |

| 6 | 或 | huò | *conj.* | or |
|---|---|---|---|---|
| 7 | 二氧化碳灭火器 | èryǎnghuàtàn mièhuǒqì | *phr.* | carbon dioxide fire extinguisher |
| 8 | 水 | shuǐ | *n.* | water |
| 9 | 和 | hé | *conj.* | and |
| 10 | 泡沫灭火器 | pàomò mièhuǒqì | *phr.* | foam fire extinguisher |
| 11 | 断开 | duànkāi | *v.* | to break, to disconnect |
| 12 | 电源 | diànyuán | *n.* | power supply, power source |
| 13 | 拔出 | báchū | *phr.* | to pull out |
| 14 | 保险销 | bǎoxiǎnxiāo | *n.* | safety pin |
| 15 | 压 | yā | *v.* | to press, to push down |
| 16 | 压把 | yābà | *n.* | press handle |

## 词语练习 Word Exercises

**1.** 给下面的词语选择对应的图片。**Choose the corresponding pictures for the following words.**

   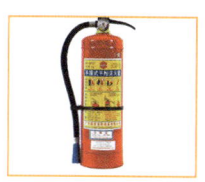

| A | B | C | D |

❶ 压把＿＿＿＿＿＿＿

❷ 干粉灭火器＿＿＿＿＿＿＿

❸ 火苗＿＿＿＿＿＿＿

❹ 保险销＿＿＿＿＿＿＿

**2.** 朗读词语搭配。**Read aloud the word collocations.**

| | |
|---|---|
| ❶ 灭火器 | 干粉灭火器 |
| | 二氧化碳灭火器 |
| | 泡沫灭火器 |

 学习课文 Text 🎧 03-02

Pūmiè　diànqì　huǒmiáo
## 扑灭 电气 火苗

Pūmiè diànqì huǒmiáo yào yòng gānfěn mièhuǒqì huò èryǎnghuàtàn
扑灭电气火苗要用干粉灭火器或二氧化碳

mièhuǒqì,　　bù néng yòng shuǐ hé pàomò mièhuǒqì.
灭火器，不能 用 水和泡沫灭火器。

Duànkāi diànyuán.
1. 断开 电源。

Báchū　bǎoxiǎnxiāo.
2. 拔出 保险销。

Yā　yābǎ.
3. 压 压把。

## Putting out Electrical Fires

Dry powder fire extinguisher or carbon dioxide fire extinguisher can be used to put out electrical fires. Water and foam fire extinguishers are prohibited.

1. Switch off the power;

2. Pull out the safety pin;

3. Push down the handle.

## 课文练习 Text Exercises

**1.** 根据课文选词填空。**Fill in the blanks with the appropriate words according to the text.**

1 扑灭电气火苗，要用_____。

   A. 泡沫灭火器          B. 干粉灭火器

2 扑灭电气火苗，要_____。

   A. 断开电源          B. 用水

3 扑灭电气火苗，不能用_____。

   A. 水          B. 干粉灭火器

4 扑灭电气火苗，不能用_____。

   A. 泡沫灭火器          B. 二氧化碳灭火器

**2.** 根据课文给下列句子排序。**Sort the following sentences according to the text.**

1 压压把。          2 断开电源。

3 用干粉灭火器。          4 拔出干粉灭火器的保险销。

_____

# 学习语法 Grammar

 **语法点 1** **Grammar Point 1**

---

**连词"和" The Conjunction "和"**

**用于连接两个或者两个以上并列的成分，表示一种并列关系。例如：**

"和" is used to connect two or more elements, indicating a parallel relationship. For example:

- - - - - - - - - - - - - - - - - - - - - - - - - - - - - - - - - - - - - - - - - - -

Bù néng yòng shuǐ hé pàomò mièhuǒqì.
**1** 不 能 用 水和泡沫 灭火器。

Wǒ chuānle fángjìngdiànfú hé fángjìngdiànxié.
**2** 我 穿了 防静电服 和 防静电鞋。

Xiézi hé màozi dōu pò le.
**3** 鞋子 和 帽子 都 破 了。

---

**语法点 1 练习** **Exercise on Grammar Point 1**

**选词填空。Fill in the blanks with the appropriate words.**

**1** 干粉灭火器 _____ 二氧化碳灭火器可以扑灭电气火苗。 和 的

**2** 扑灭电气火苗不能用水 _____ 泡沫灭火器。 和 的

**3** 拔出干粉灭火器 _____ 保险销。 和 的

**4** 进车间要穿防静电服 _____ 防静电鞋。 和 的

## 语法点 2　Grammar Point 2

**结果补语"动词 + 开 / 出 / 好"　The Result Complement "Verb + 开/出/好"**

**在动词后面加上动词或形容词，表示动作行为的结果。例如：**

In this structure, a verb is followed by another verb or adjective, indicating the result of an action. For example:

**1**　Duànkāi diànyuán.
　断开　电源。

**2**　Wǒ báchū gānfěn mièhuǒqì de bǎoxiǎnxiāo le.
　我 拔出 干粉 灭火器 的 保险销 了。

**3**　Wǒ dàihǎo fángjìngdiànmào le.
　我 戴好 防静电帽 了。

## 语法点 2 练习　Exercise on Grammar Point 2

**连词成句。Make sentences with the words.**

**1**　①戴　　②防静电帽　　③我　　④了　　⑤好（hǎo，good）

_____

**2**　①保险销　　②干粉灭火器　　③的　　④拔出　　⑤了

_____

**3**　①开　　②电源　　③断

_____

**4**　①防静电服　　②穿　　③好（hǎo，good）　　④我　　⑤了

_____

**25**

# 汉字书写 Writing Chinese Characters

hé
禾　禾 禾 禾 禾 禾
禾　禾 禾 禾 禾

hé
和　和 和 和 和 和 和 和 和
和　和 和 和 和

lì
利　利 利 利 利 利 利 利
利　利 利 利 利

zhǒng
种　种 种 种 种 种 种 种 种 种
种　种 种 种 种

# 职业拓展 Career Insight

### Quality Control Management

QC is the abbreviation for Quality Control. In ISO 9000: 2015, quality management is defined as "the coordinated activities of directing and controlling an organization in terms of quality". Quality control is a part of quality management that strives to meet quality requirements. Usually, quality control functions are performed by quality inspectors (also known as QC) and quality engineers (also known as QE).

# 小结　Summary

## 词语　Words

朗读下列词语。**Read aloud the following words.**

| | | | |
|---|---|---|---|
| 扑灭 | 火苗 | 要 | 和 |
| 水 | 断开 | 电源 | 压 |

## 语法　Grammar

朗读下列句子。**Read aloud the following sentences.**

1 不能用水和泡沫灭火器。

2 我穿了防静电服和防静电鞋。

3 断开电源。

4 我拔出干粉灭火器的保险销了。

## 课文理解　Text Comprehension

根据提示，复述课文的主要内容。**Retell the main content of the text according to the prompts.**

扑灭电气火苗——能用干粉灭火器和二氧化碳灭火器——不能用水和泡沫灭火器

27

Rènshi     biāozhì
# 认识标志
## Recognizing the Signs

 复习 Revision

图文连线。**Match the pictures with the corresponding words.**

- 火苗 •

- 保险销 •

- 压把 •

- 水 •

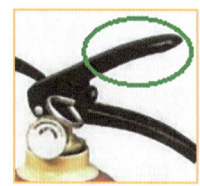

- 干粉灭火器 •

- 电源 •

## 热身 Warm-up

给词语选择对应的图片。**Choose the corresponding pictures for the words.**

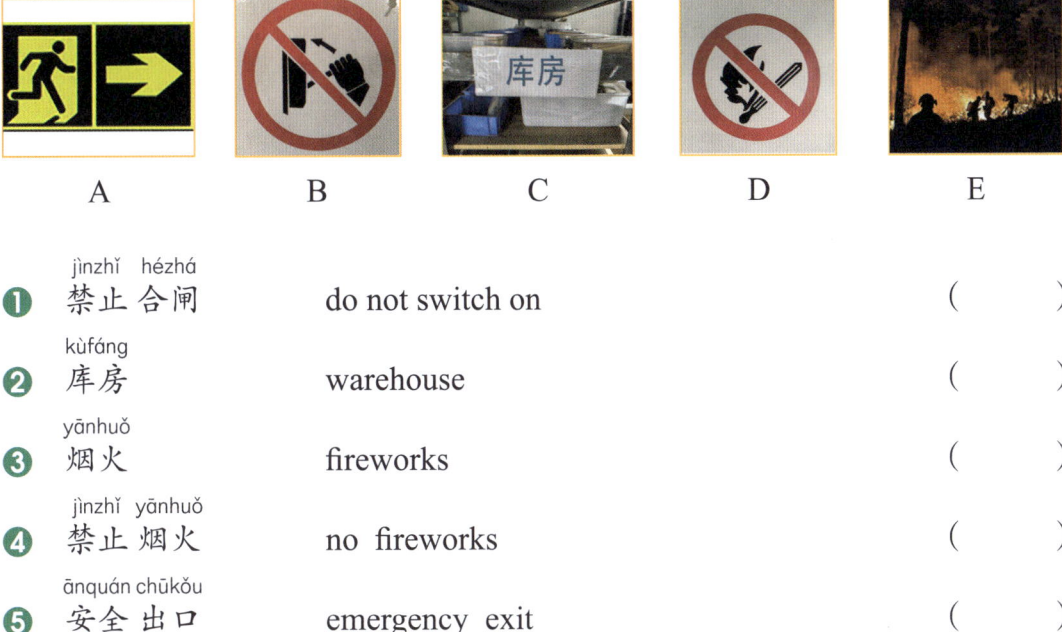

| A | B | C | D | E |

<sub>jìnzhǐ hézhá</sub>
**1** 禁止 合闸     do not switch on     (    )

<sub>kùfáng</sub>
**2** 库房     warehouse     (    )

<sub>yānhuǒ</sub>
**3** 烟火     fireworks     (    )

<sub>jìnzhǐ yānhuǒ</sub>
**4** 禁止 烟火     no fireworks     (    )

<sub>ānquán chūkǒu</sub>
**5** 安全 出口     emergency exit     (    )

## 学习生词 Words and Expressions  04-01

| 1 | 认识 | rènshi | v. | to recognize |
|---|---|---|---|---|
| 2 | 标志 | biāozhì | n. | sign |
| 3 | 安全 | ānquán | adj. | safe, secure |
| 4 | 出口 | chūkǒu | n. | exit, way out |
| 5 | 指引 | zhǐyǐn | v. | to guide, to show |

| 6 | 离开 | lí//kāi | v. | to leave |
|---|---|---|---|---|
| 7 | 禁止 | jìnzhǐ | v. | to prohibit |
| 8 | 合闸 | hé//zhá | v. | to switch on |
| 9 | 避免 | bìmiǎn | v. | to avoid, to prevent |
| 10 | 触电 | chù//diàn | v. | to get an electric shock |
| 11 | 库房 | kùfáng | n. | warehouse |
| 12 | 都 | dōu | adv. | all, both |
| 13 | 有 | yǒu | v. | to have; *indicating existence* |
| 14 | 烟火 | yānhuǒ | n. | fireworks, smoke and fire |
| 15 | 请 | qǐng | v. | please |
| 16 | 遵守 | zūnshǒu | v. | to obey |

## 词语练习 Word Exercises

1. 给下面的词语选择对应的图片。**Choose the corresponding pictures for the following words.**

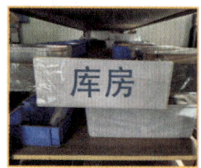

A

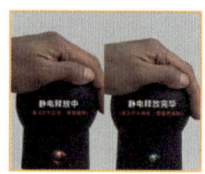

B

C

D

❶ 出口＿＿＿＿＿＿＿　　　❷ 禁合＿＿＿＿＿＿＿

❸ 静电释放球＿＿＿＿＿＿＿　　　❹ 库房＿＿＿＿＿＿＿

**2. 朗读词语搭配。Read aloud the word collocations.**

| ❶ 禁止 | 禁止合闸 | ❸ 标志 | 认识安全标志 |
|---|---|---|---|
| | 禁止烟火 | | 安全出口标志 |
| ❷ 安全 | 安全出口 | | 禁止合闸标志 |
| | 安全标志 | | 禁止烟火标志 |

## 学习课文 Text 🎧 04-02

Rènshi  biāozhì

# 认识 标志

"Ānquán  chūkǒu"  biāozhì  néng  zhǐyǐn  wǒmen  líkāi  chējiān.
**"安全 出口"标志 能 指引 我们 离开 车间。**

"Jìnzhǐ  hézhá"  biāozhì  néng  bìmiǎn  chùdiàn.  Chējiān  hé  kùfáng
**"禁止合闸"标志 能 避免 触电。 车间 和 库房**

dōu  yǒu  "jìnzhǐ  yānhuǒ"  de  biāozhì.
**都 有"禁止烟火"的 标志。**

Qǐng  zūnshǒu  ānquán  biāozhì.
**请 遵守 安全 标志。**

31

## Recognizing the Signs

The "Emergency Exit" sign can guide you out of the workshop.

The "Do Not Switch On" sign can prevent electric shock. There are "No Fireworks" signs in the workshop and warehouse.

Please recognize safety signs.

### 课文练习 Text Exercises

**1. 根据课文选词填空。Fill in the blanks with the appropriate words according to the text.**

❶ "＿＿＿＿＿＿"标志指引离开车间。

　　A. 禁止合闸　　　　　　　　B. 安全出口

❷ 认识"＿＿＿＿＿＿"标志能避免触电。

　　A. 禁止合闸　　　　　　　　B. 禁止烟火

❸ ＿＿＿＿＿＿认识安全标志。

　　A. 用　　　　　　　　　　　B. 请

❹ 库房有"＿＿＿＿＿＿"标志。

　　A. 禁止合闸　　　　　　　　B. 禁止烟火

**2. 根据课文补全下列句子。Complete the following sentences according to the text.**

❶ ＿＿＿＿＿＿有"禁止烟火"的标志。

❷ "禁止合闸"标志能＿＿＿＿＿＿。

③ 认识安全标志能 _____。

④ "安全出口" 标志能 _____。

学习语法 Grammar

### 语法点 1 Grammar Point 1

**副词 "都" The Adverb "都"**

**"都" 表示总括全部，所总括的对象必须放在 "都" 的前面。例如：**

"都" means "both, all". The objects included are put before "都". For example:

Chējiān hé kùfáng dōu yǒu "jìnzhǐ yānhuǒ" biāozhì.
① 车间 和 库房 都 有 "禁止 烟火" 标志。

Fángjìngdiànfú hé fángjìngdiànxié dōu chuān le.
② 防静电服 和 防静电鞋 都 穿 了。

Bù chuān fángjìngdiànfú hé fángjìngdiànxié dōu bù ānquán.
③ 不 穿 防静电服 和 防静电鞋 都 不 安全。

### 语法点 1 练习 Exercise on Grammar Point 1

给 "都" 选择合适的位置。Choose the appropriate positions for "都".

① A 车间和库房 B 有 C "禁止烟火" 标志 D。　　（　　）

② A 触电和有 B 静电 C 不 D 安全。　　（　　）

③ A 防静电服和防静电鞋 B 穿 C 了 D。　　（　　）

④ A "安全出口""禁止合闸" 标志 B 要 C 认识 D。　　（　　）

## 语法点 2　Grammar Point 2

用"请"的祈使句　Imperative Sentences with "请"

动词"请"后加其他动词可以构成一种祈使句，委婉地表示建议、希望对方做某事。例如：

When the verb "请" is used before another verb, an imperative sentence is formed, to subtly suggest or hint that you'd like somebody to do something. For example:

Qǐng　rènshi　ānquán　biāozhì.
1 请 认识 安全 标志。

Qǐng dài　ānquánmào.
2 请 戴 安全帽。

Qǐng　chuān　fángjìngdiànfú.
3 请 穿 防静电服。

## 语法点 2 练习　Exercise on Grammar Point 2

用"请"造句。Make sentences with "请".

1 认识安全标志

_____

2 戴防静电帽

_____

3 离开车间

_____

4 断开电源

_____

# 汉字书写 Writing Chinese Characters

# 文化拓展 Culture Insight

**Qinghai-Xizang Railway**

Qinghai-Xizang Railway is a Grade I national railway connecting Xining City of Qinghai Province to Lhasa City of Xizang Autonomous Region. It is the first railway to reach the hinterland of Xizang, and the highest plateau railway with the longest route in the world. Most of the Qinghai-Xizang Railway is located in high-altitude areas and regions known as "life exclusion zones".

**35**

The Qinghai-Xizang Railway holds numerous world records: the highest railway station, the highest track, the longest plateau permafrost tunnel, the longest plateau permafrost railway bridge, the longest plateau railway with the longest line, the highest altitude plateau railway, the highest speed of plateau permafrost railway, and the longest mileage of permafrost plateau railway.

## 小结　Summary

### 词语　Words

朗读下列词语。Read aloud the following words.

| | | | |
|---|---|---|---|
| 认识 | 标志 | 出口 | 指引 |
| 合闸 | 避免 | 触电 | 烟火 |

### 语法　Grammar

朗读下列句子。Read aloud the following sentences.

1 车间和库房都有"禁止烟火"的标志。

2 防静电服和防静电鞋都穿了。

3 请认识安全标志。

4 请戴安全帽。

**课文理解** **Text Comprehension**

根据提示，复述课文的主要内容。**Retell the main content of the text according to the prompts.**

车间有标志——"安全出口"——"禁止合闸"——"禁止烟火"

# 第5课
## Lesson 5

Zhǎo wǒ de gōngwèi
# 找我的工位
## Looking for My Workstation

 复习 Revision

图文连线。**Match the pictures with the corresponding words.**

•火苗•

•安全出口•

•库房•

•禁止合闸•

•烟火•

•禁止烟火•

# 热身 Warm-up

给词语选择对应的图片。**Choose the corresponding pictures for the words.**

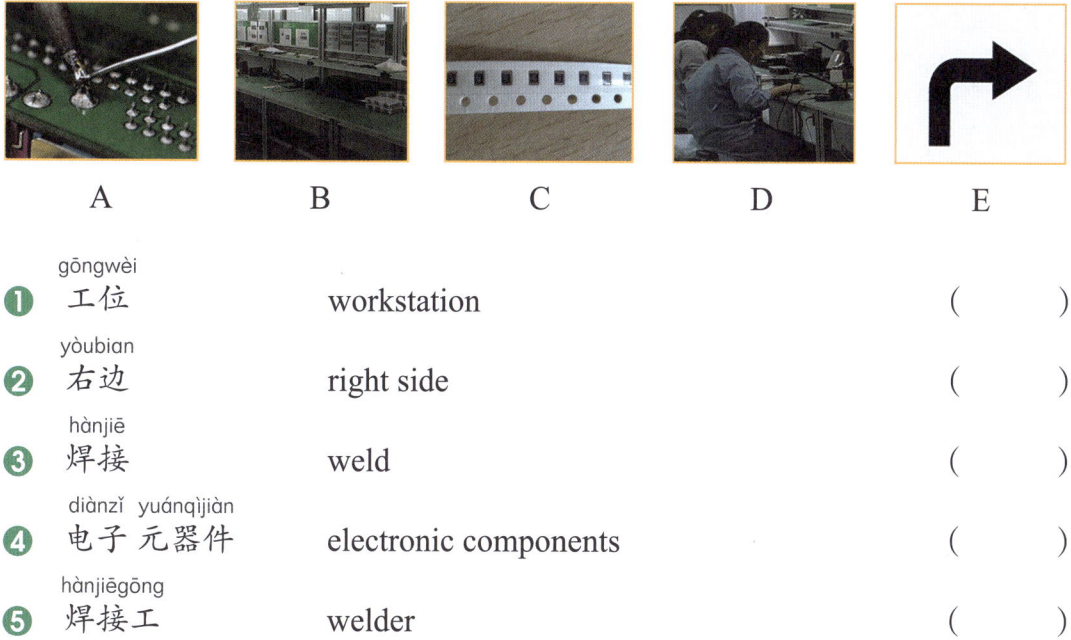

| A | B | C | D | E |

gōngwèi
❶ 工位      workstation      ( )

yòubian
❷ 右边      right side      ( )

hànjiē
❸ 焊接      weld      ( )

diànzǐ yuánqìjiàn
❹ 电子元器件      electronic components      ( )

hànjiēgōng
❺ 焊接工      welder      ( )

# 学习生词 Words and Expressions  05-01

| 1 | 找 | zhǎo | v. | to look for |
|---|---|------|-----|-------------|
| 2 | 工位 | gōngwèi | n. | workstation |
| 3 | 是 | shì | v. | to be |
| 4 | 今天 | jīntiān | n. | today |

| 5 | 第一天 | dì-yī tiān | *phr.* | the first day |
| | 第 | dì | *pref.* | *an auxiliary word for ordinal numbers* |
| 6 | 上班 | shàng//bān | *v.* | to be at work |
| 7 | 你 | nǐ | *pron.* | *(singular)* you |
| 8 | 什么 | shénme | *pron.* | what |
| 9 | 焊接 | hànjiē | *v.* | to weld |
| 10 | 电子元器件 | diànzǐ yuánqìjiàn | *phr.* | electronic component |
| 11 | 焊接工 | hànjiēgōng | *n.* | welder |
| 12 | 在 | zài | *v./prep.* | to be in, on, at; in, on, at |
| 13 | 右边 | yòubian | *n.* | the right side |

### 词语练习 Word Exercises

**1.** 给下面的词语选择对应的图片。**Choose the corresponding pictures for the following words.**

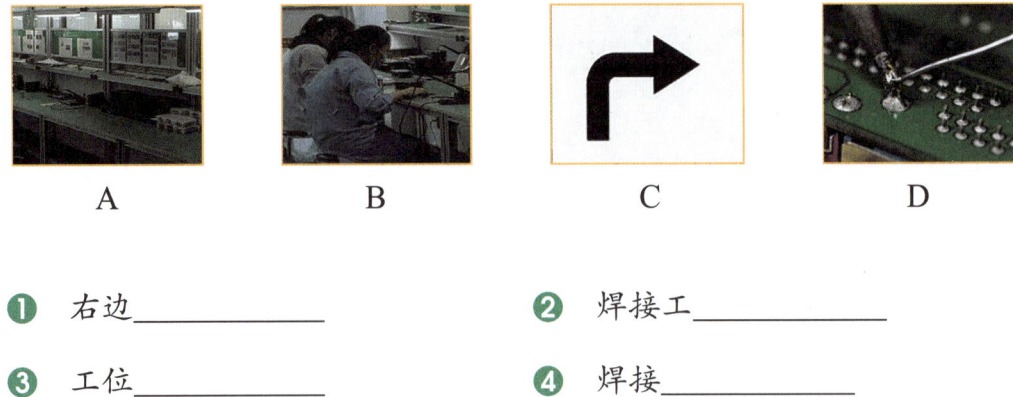

A　　　　　B　　　　　C　　　　　D

❶ 右边＿＿＿＿＿＿＿＿　　❷ 焊接工＿＿＿＿＿＿＿＿

❸ 工位＿＿＿＿＿＿＿＿　　❹ 焊接＿＿＿＿＿＿＿＿

**2.** 朗读词语搭配。**Read aloud the word collocations.**

| | | | | | |
|---|---|---|---|---|---|
| ❶ | 焊接 | 焊接工 | ❷ | 找 | 找工位 |
| | | 焊接电子元器件 | | | 找电子元器件 |
| | | 焊接工位 | | | 找电烙铁 |

## 学习课文　Text 🎧 05-02

Zhǎo wǒ de gōngwèi
### 找 我 的 工位

Qiáozhì: Wǒ shì Qiáozhì, jīntiān dì-yī tiān shàngbān.
乔治：我 是 乔治，今天 第一 天 上班。

Wáng Tiān: Nǐ shì (zài) shénme gōngwèi?
王天：你 是（在）什么 工位？

Qiáozhì: Hànjiē diànzǐ yuánqìjiàn, wǒ shì hànjiēgōng.
乔治：焊接 电子 元器件，我 是 焊接工。

Wáng Tiān: Nǐ zhǎo hànjiē gōngwèi.
王天：你 找 焊接 工位。

Qiáozhì: Zhè shì hànjiē gōngwèi ma?
乔治：这 是 焊接 工位 吗？

Wáng Tiān: Hànjiē gōngwèi zài yòubian.
王天：焊接 工位 在 右边。

## Looking for My Workstation

George: Hello! I'm George. It's my first day at work.

Wang Tian: What's your workstation?

George: Welding electronics. I'm a welder.

Wang Tian: You should look for the welding workstation.

George: Is this the welding workstation?

Wang Tian: It is on the right side.

### 课文练习 Text Exercises

**1. 根据课文选词填空。Fill in the blanks with the appropriate words according to the text.**

1 乔治是_____天上班。

　A. 第一　　　　　　　　　B. 焊接工

2 乔治要找_____。

　A. 焊接工位　　　　　　　B. 焊接工

3 焊接工位_____右边。

　A. 在　　　　　　　　　　B. 进

4 焊接工能_____电子元器件。

　A. 指引　　　　　　　　　B. 焊接

**2. 根据课文补全下列句子。Complete the following sentences according to the text.**

1 焊接工位在 _____。

**2** _____ 今天第一天上班。

**3** _____ 找焊接工位。

**4** 焊接工位是焊接 _____。

 ## 学习语法 Grammar

 **语法点 1** **Grammar Point 1**

**"是" 字句** **"是" Sentences**

"是" 字句是由 "是" 构成的判断句，用于表达人或事物等于什么或者属于什么。其否定形式是在 "是" 前加上否定副词 "不"。例如：

"是" sentences are determinative sentences with "是", indicating what somebody or something equals or belongs to. The negative form is to add the negative adverb "不" before "是". For example:

Wǒ shì hànjiēgōng.
**1** 我 是 焊接工。

Zhè shì hànjiē gōngwèi ma?
**2** 这 是 焊接 工位 吗？

Zhè bú shì kùfáng.
**3** 这 不 是 库房。

**语法点 1 练习** **Exercise on Grammar Point 1**

选词填空。**Fill in the blanks with the appropriate words according to the text.**

**1** 车间 _____ 焊接工。 　　　　　　| 是　有 |

**2** 乔治 _____ 焊接工。 　　　　　　| 是　有 |

③ "禁止合闸" _____ 安全标志。　　　　　是　有

④ 库房 _____ 安全标志。　　　　　是　有

---

### 语法点 2　Grammar Point 2

**指示代词 "什么"　The Demonstrative Pronoun "什么"**

**加在指物的名词前，用于询问事物的性质。例如：**

"什么" is used before a noun referring to something to ask about its nature. For example:

Nǐ shì (zài) shénme gōngwèi?
① 你 是（在）什么 工位？

Wǒ yào rènshi shénme ānquán biāozhì?
② 我 要 认识 什么 安全 标志？

Nǐ yào zhǎo shénme gōngwèi?
③ 你 要 找 什么 工位？

---

### 语法点 2 练习　Exercise on Grammar Point 2

用 "什么" 对画线部分提问。**Question the underlined parts with "什么".**

① 乔治要找焊接工位。　　　→ _____

② 车间有 "禁止烟火" 的标志。　→ _____

③ 用胶带绝缘。　　　　　　→ _____

④ 扑灭电气火苗要用干粉灭火器。 → _____

**44**

 汉字书写 **Writing Chinese Characters**

 文化拓展 **Culture Insight**

### 5S Management

5S refers to the effective management of production factors such as personnel, machines, materials and methods on the production site. 5S refers to five principles: Sort (SEIRI), Set in order (SEITON), Shine (SEISO), Standardize (SEIKETSU) and Sustain (SHITSUKE). The term "5S" comes from the fact that each principle begins with the letter "S" in Japanese, and the English equivalents also start with "S".

# 小结  Summary

## 词语  Words

朗读下列词语。Read aloud the following words.

| | | | |
|---|---|---|---|
| 找 | 工位 | 是 | 什么 |
| 电子元器件 | 焊接工 | 在 | 右边 |

## 语法  Grammar

朗读下列句子。Read aloud the following sentences.

1 我是焊接工。

2 这是焊接工位吗？

3 你是（在）什么工位？

4 你要找什么工位？

## 课文理解  Text Comprehension

根据提示，复述课文的主要内容。Retell the main content of the text according to the prompts.

乔治是第一天上班——乔治是焊接工——焊接工位在右边

# 第6课 Lesson 6

Rènshi gōngyì kǎpiàn
# 认识工艺卡片
## Understanding a Craft Card

## 复习 Revision

图文连线。**Match the pictures with the corresponding words.**

• 工位 •

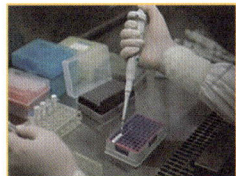

• 焊接工 •

• 右边 •

• 上班 •

• 电子元器件 •

• 焊接 •

**47**

# 热身 Warm-up

选词填空。**Fill in the blanks with the appropriate words.**

| | | | | |
|---|---|---|---|---|
| gōngxù | rènshi | gōngyì kǎpiàn | gōngzuò | nèiróng |
| A.工序 | B.认识 | C.工艺卡片 | D.工作 | E.内容 |

❶ （    ） 电子 元器件 diànzǐ yuánqìjiàn    understanding electronic components

❷ 一 张 （    ） yì zhāng    a craft card

❸ 完 成 （    ） wánchéng    to complete work

❹ 工 作 （    ） gōngzuò    work content

❺ （    ） 号 hào    process number

# 学习生词 Words and Expressions 🎧06-01

| | | | | |
|---|---|---|---|---|
| 1 | 认识 | rènshi | *v.* | to know |
| 2 | 工艺卡片 | gōngyì kǎpiàn | *phr.* | craft card |
| 3 | 一张 | yì zhāng | *phr.* | a sheet of, a piece of |
| 4 | 列 | liè | *m.* | column |

| 5 | 工序号 | gōngxùhào | *n.* | process number |
| | 工序 | gōngxù | *n.* | process |
| 6 | 名称 | míngchēng | *n.* | name |
| 7 | 工作 | gōngzuò | *n.* | work |
| 8 | 内容 | nèiróng | *n.* | content |
| 9 | 完成 | wán//chéng | *v.* | to complete |
| 10 | 部门 | bùmén | *n.* | department |
| 11 | 需要 | xūyào | *opt.* | need |
| 12 | 设备 | shèbèi | *n.* | equipment |
| 13 | 及 | jí | *conj.* | need |
| 14 | 工艺装备 | gōngyì zhuāngbèi | *phr.* | technological equipment |

## 词语练习 Word Exercises

**1.** 给下面的词语选择对应的图片。**Choose the corresponding pictures for the following words.**

A

B

C

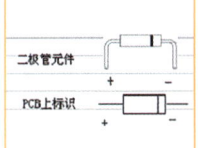
D

❶ 工艺卡片＿＿＿＿＿＿＿    ❷ 设备＿＿＿＿＿＿＿

❸ 工作＿＿＿＿＿＿＿    ❹ 电子元器件＿＿＿＿＿＿＿

**2. 朗读词语搭配。Read aloud the word collocations.**

|   |   |   |   |
|---|---|---|---|
| ❶ 第 | 第一天 | ❷ 工序 | 工序号 |
|  | 第一张 |  | 工序名称 |
|  | 第四列 |  | 完成工序 |

**学习课文 Text** 🎧 06-02

Rènshi　gōngyì　kǎpiàn

## 认识 工艺 卡片

Zhè shì yì zhāng gōngyì kǎpiàn. Dì-yī liè shì gōngxùhào. Dì-èr
这是一张 工艺卡片。第一列是工序号。第二

liè shì gōngxù míngchēng. Dì-sān liè shì gōngzuò nèiróng. Dì-sì liè shì
列是工序名称。第三列是工作内容。第四列是

wánchéng gōngxù de bùmén. Dì-wǔ liè shì wánchéng gōngxù xūyào de
完成 工序的部门。第五列是 完成 工序需要的

shèbèi jí gōngyì zhuāngbèi.
设备及工艺 装备。

| 北京市　　设备 技术开发公司 | 线路板焊接、检测工艺过程卡 | | | 产品型号 | KDW | 第 10 页 | 共 28 页 |
|---|---|---|---|---|---|---|---|
| | | | | 产品名称 | 直流稳压电源 | | |
| 工序号 | 工序名称 | 工作内容 | 部门 | 设备及工艺装备 | 辅助材料 | 工时定额 min | 备注 |
| 1 | 线路板焊接 | 领取元器件，焊接线路板 | 生产部 | 放大镜、尖嘴钳、偏口钳、烙铁、助焊剂、焊锡丝、棉丝、工业酒精 | | | 关键工序 |
| 2 | 充电板调试检验 | 检查充电板外观，检测电气功能 | 质检部 | DT9032 万用表、一字改锥、JC1733SS 直流稳压电源、JC2201CA 示波器 | | | 关键工序 |
| 3 | 电源板调试检验 | 检查电源板外观，检测电气功能 | 质检部 | DT9032 万用表、一字改锥 | | | 关键工序 |
| 4 | 线路板喷涂 | 整机出厂检验完成后，对线路板作绝缘处理 | 生产部 | 酒精、棉丝、CPL200H 三防绝缘漆、镊子 | | | 特殊工序 |

## Understanding a Craft Card

This is a craft card. The first column is the process number. The second column is the name of the process. The third column is the work content. The fourth column is the department responsible for completing the process. And the fifth column is the equipment and technical equipment needed to complete the process.

### 课文练习 Text Exercises

**1.** 根据课文选词填空。**Fill in the blanks with the appropriate words according to the text.**

① 焊接工＿＿＿＿＿＿认识焊接工艺卡片。

    A. 能                      B. 需要

② 这是＿＿＿＿＿＿工艺卡片。

    A. 一把                  B. 一张

③ 第一列＿＿＿＿＿＿工序号。

    A. 有                      B. 是

④ 这张工艺卡片有＿＿＿＿＿＿列。

    A. 五                      B. 八

**2.** 根据课文给下列句子排序。**Sort the following sentences according to the text.**

① 第三列是工作内容。     ② 第四列是完成工序的部门。

③ 第二列是工序名称。     ④ 第一列是工序号。

## 学习语法 Grammar

### 语法点 1　Grammar Point 1

**数字表达法。Numerical representation.**

| 0 | 零 | líng | 11 | 十一 | shíyī | 22 | 二十二 | èrshí'èr |
|---|---|---|---|---|---|---|---|---|
| 1 | 一 | yī | 12 | 十二 | shí'èr | 29 | 二十九 | èrshíjiǔ |
| 2 | 二 | èr | 13 | 十三 | shísān | 30 | 三十 | sānshí |
| 3 | 三 | sān | 14 | 十四 | shísì | 40 | 四十 | sìshí |
| 4 | 四 | sì | 15 | 十五 | shíwǔ | 50 | 五十 | wǔshí |
| 5 | 五 | wǔ | 16 | 十六 | shíliù | 60 | 六十 | liùshí |
| 6 | 六 | liù | 17 | 十七 | shíqī | 70 | 七十 | qīshí |
| 7 | 七 | qī | 18 | 十八 | shíbā | 80 | 八十 | bāshí |
| 8 | 八 | bā | 19 | 十九 | shíjiǔ | 90 | 九十 | jiǔshí |
| 9 | 九 | jiǔ | 20 | 二十 | èrshí | 100 | 一百 | yìbǎi |
| 10 | 十 | shí | 21 | 二十一 | èrshíyī | 101 | 一百零一 | yìbǎi líng yī |

1 这是一张工艺卡片。
　Zhè shì yì zhāng gōngyì kǎpiàn.

2 第一列是工序号。
　Dì-yī liè shì gōngxùhào.

3 我今天第一天上班。
　Wǒ jīntiān dì-yī tiān shàngbān.

### 语法点 1 练习　Exercise on Grammar Point 1

给"一、二、三"选择合适的位置。Choose the appropriate positions for "一、二、三".

1 A 我今天 B 第 C 天 D 上班。　　　　　　　　　　（　　　）

2 车间 A 有 B 把 C 电烙铁 D。 （　　）

3 库房 A 有 B 氧化碳灭火器 C。 （　　）

4 第 A 列 B 是工作 C 内容 D。 （　　）

---

## 语法点 2　Grammar Point 2

**表示顺序的"第～""第～"Indicating the Order**

"第"加在数字的前边，表示次序。"第"加上数词后，可以和量词一起使用。例如：

"第" is often used before a number to indicate the order. When followed by a numeral, it can be used with a measure word. For example:

Dì-yī liè shì gōngxùhào.
1 第 一 列 是 工 序 号。

Wǒ jīntiān dì-yī tiān shàngbān.
2 我 今天 第 一 天 上 班。

Zhè shì dì-yī bǎ diànlàotie.
3 这 是 第 一 把 电烙铁。

---

## 语法点 2 练习　Exercise on Grammar Point 2

连词成句。**Make sentences with the words.**

1 ①卡片　　②一张　　③认识　　④工艺　　⑤第

_____

2 ①第一　　②把　　③是　　④这　　⑤电烙铁

_____

3 ①列　　②第二　　③名称　　④是　　⑤工作

_____

 ①完成　②列　③是　④部门　⑤第四　⑥工序　⑦的

---

## 汉字书写 Writing Chinese Characters

shàng

上 上 上

| 上 | 上 | 上 | 上 | 上 | | | | | |

xià

下 下 下

| 下 | 下 | 下 | 下 | 下 | | | | | |

zuǒ

左 左 左 左 左

| 左 | 左 | 左 | 左 | 左 | | | | | |

yòu

右 右 右 右 右

| 右 | 右 | 右 | 右 | 右 | | | | | |

---

 ## 文化拓展 Culture Insight

**The Symbolic Meanings of Colors in Chinese Culture**

In traditional Chinese culture, colors have significant symbolic meanings. Red represents auspiciousness, joy, and happiness. Therefore, in Chinese weddings, birthdays, festivals and other celebrations, a lot of red ornaments are usually used, such as red lanterns, red paper flowers and so on.

White represents death and mourning in Chinese culture, so we should avoid using white ornaments on some occasions.

Yellow in Chinese culture usually stands for royalty, nobility and glory, while green symbolizes life, health and hope. Purple represents dignity and nobility. Black is often used to indicate seriousness, dignity and other qualities.

 ## 小结 Summary

 词语 Words

**朗读下列词语。Read aloud the following words.**

| | | | |
|---|---|---|---|
| 认识 | 工艺卡片 | 一张 | 内容 |
| 列 | 工序 | 工作 | 及 |

 语法 Grammar

**朗读下列句子。Read aloud the following sentences.**

1 这是一张工艺卡片。

2 第一列是工序号。

**3** 这是第一把电烙铁。

**4** 我今天第一天上班。

---

**课文理解** Text Comprehension

根据提示，复述课文的主要内容。**Retell the main content of the text according to the prompts.**

认识工艺卡片——第一列——第二列——第三列——第四列——第五列

# 第7课
## Lesson 7

Jiāgōng    diànzǔ    yǐnjiǎo
# 加工电阻引脚
## Processing Resistor Pins

 复习 Revision

图文连线。**Match the pictures with the corresponding words.**

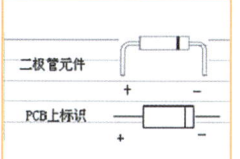

• 设备 •

• 工艺卡片 •

• 部门 •

• 工作 •

• 电子元器件 •

• 焊接工 •

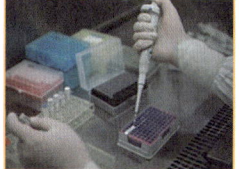

## 热身 Warm-up

给词语选择对应的图片。**Choose the corresponding pictures for the words.**

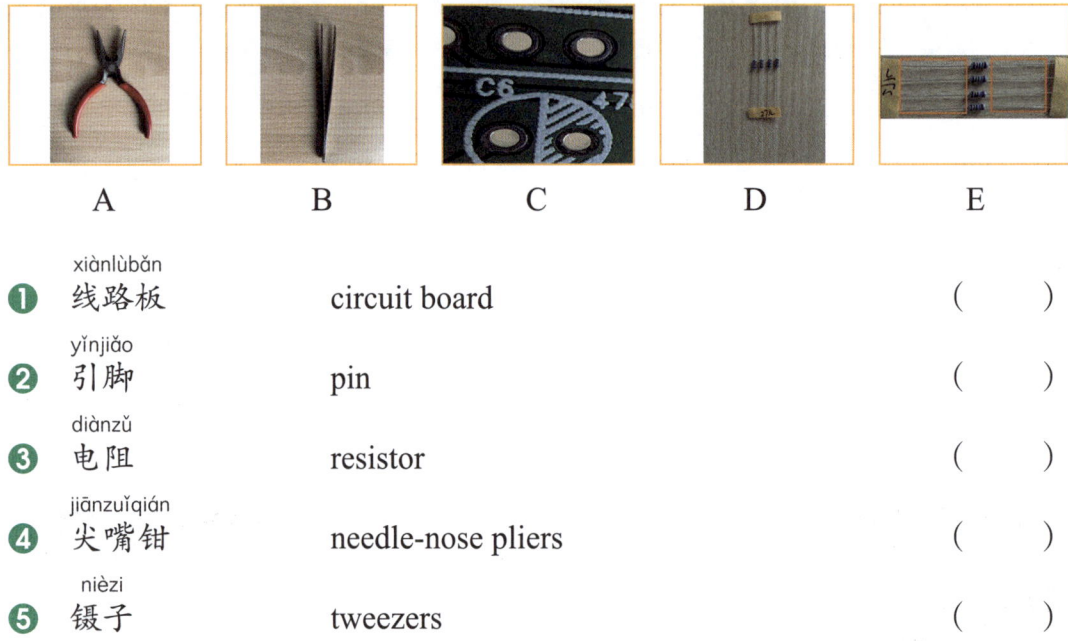

| A | B | C | D | E |

xiànlùbǎn
❶ 线路板　　circuit board　　　　　　　　　　（　　）

yǐnjiǎo
❷ 引脚　　　pin　　　　　　　　　　　　　　（　　）

diànzǔ
❸ 电阻　　　resistor　　　　　　　　　　　　（　　）

jiānzuǐqián
❹ 尖嘴钳　　needle-nose pliers　　　　　　　　（　　）

nièzi
❺ 镊子　　　tweezers　　　　　　　　　　　　（　　）

## 学习生词 Words and Expressions　 07-01

| 1 | 加工 | jiā//gōng | *v.* | to process |
|---|------|-----------|------|------------|
| 2 | 电阻 | diànzǔ | *n.* | resistor |
| 3 | 引脚 | yǐnjiǎo | *n.* | pin, lead foot |
| 4 | 前 | qián | *n.* | before, ago |
| 5 | 某 | mǒu | *pron.* | some, certain |

| 6 | 线路板 | xiànlùbǎn | *n.* | circuit board |
|---|---|---|---|---|
| 7 | 个 | gè | *m.* | *a general measure word* |
| 8 | 千欧（kΩ） | qiān'ōu | *m.* | 1 kΩ=1000 Ω |
| 9 | 先 | xiān | *adv.* | first |
| 10 | 好 | hǎo | *adj.* | fine, good |
| 11 | 尖嘴钳 | jiānzuǐqián | *n.* | needle-nose pliers |
| 12 | 镊子 | nièzi | *n.* | tweezers |
| 13 | 弯曲 | wānqū | *v.* | to bend, to curve |
| 14 | 成 | chéng | *v.* | to become, to turn into |
| 15 | 直角 | zhíjiǎo | *n.* | right angle |

📖 **词语练习 Word Exercises**

**1.** 给下面的词语选择对应的图片。**Choose the corresponding pictures for the following words.**

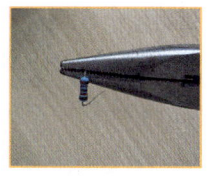

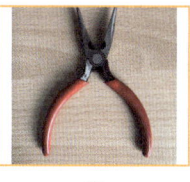

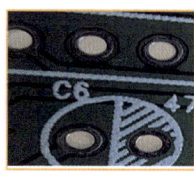

|     |     |     |     |
|-----|-----|-----|-----|
| A | B | C | D |

❶ 线路板 _____ ❷ 引脚 _____

❸ 尖嘴钳 _____ ❹ 弯曲 _____

**2.** 朗读词语搭配。**Read aloud the word collocations.**

| ❶ 焊接 | 焊接电阻 | ❷ 引脚 | 加工引脚 |
|---|---|---|---|
| | | | 弯曲引脚 |
| | 焊接电子元器件 | ❸ 用 | 用尖嘴钳 |
| | | | 用镊子 |

## 学习课文 Text 🎧 07-02

Jiāgōng　diànzǔ　yǐnjiǎo
# 加工 电阻 引脚

Hànjiē　diànzǐ　yuánqìjiàn　qián,　yào　jiāgōng　yǐnjiǎo.　Mǒu
焊接 电子 元器件 前，要 加工 引脚。某

xiànlùbǎn　yào　hànjiē　yí　gè　27　qiān'ōu　de　diànzǔ,　yào　xiān
线路板 要 焊接 一个 27 千欧 的 电阻，要 先

jiāgōng　hǎo　yǐnjiǎo.
加工 好 引脚。

Yòng　jiānzuǐqián　huò　nièzi　wānqū　yǐnjiǎo
1.用 尖嘴钳 或 镊子 弯曲 引脚

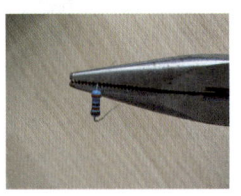

chéng　zhíjiǎo.
成 直角。

Hànjiē　diànzǔ.
2.焊接 电阻。

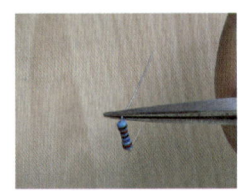

## Processing Resistor Pins

Pins of electronic components need to be processed before they are welded. A circuit board needs to be welded with a 27 kΩ resistor. Its pins need to be processed first.

1. Use needle-nose pliers or tweezers to bend the pins at right angles.

2. Weld the resistor.

## 课文练习 Text Exercises

1. 根据课文选词填空。**Fill in the blanks with the appropriate words according to the text.**

1 某线路板要 _____ 电子元器件。

A. 焊接　　　　　　　B. 弯曲

2 焊接电子元器件前要 _____ 引脚。

A. 加工　　　　　　　B. 找

3 用镊子把引脚 _____ 成直角。

A. 弯曲　　　　　　　B. 焊接

4 用尖嘴钳 _____ 镊子加工引脚。

A. 和　　　　　　　　B. 或

**2. 根据课文给下列句子排序。Sort the following sentences according to the text.**

1️⃣ 用尖嘴钳弯曲引脚成直角。

2️⃣ 找一个尖嘴钳。

3️⃣ 焊接电阻。

4️⃣ 有一个27千欧的电阻。

_____

 **学习语法 Grammar**

 **语法点1 Grammar Point 1**

**名词"前" The Noun "前"**

名词"前"可以表示现在或者所说的某个时间以前的时间。例如：

The noun "前" can indicate a period before the present time or the time being mentioned. For example:

1️⃣ Hànjiē diànzǔ qián, yào jiāgōng yǐnjiǎo.
焊接 电阻 前，要 加工 引脚。

2️⃣ Báchū mièhuǒqì de bǎoxiǎnxiāo qián, yào duànkāi diànyuán.
拔出 灭火器 的 保险销 前，要 断开 电源。

3️⃣ Jìn chējiān qián, yào mō jìngdiàn shìfàngqiú.
进 车间 前，要 摸 静电 释放球。

## 语法点 1 练习　Exercise on Grammar Point 1

用"……前"造句。Use "……前" to make sentences.

**1** 进车间　　穿防静电服

_____

**2** 拔出灭火器的保险销　　断开电源

_____

**3** 焊接电阻　　加工引脚

_____

**4** 进车间　　摸静电释放球

_____

## 语法点 2　Grammar Point 2

### 量词"个"　The Measure Word "个"

**"个"是汉语中最常见的一个量词，一般用于没有专用量词的名词前。例如：**

"个" is the most common measure word in Chinese, usually used before a noun without a specific measure word of its own. For example:

**1** Mǒu xiànlùbǎn yào hànjiē yí gè 27 qiān'ōu de diànzǔ.
某 线路板 要 焊接 一 个 27 千欧 的 电阻。

**2** Chējiān yǒu sān gè hànjiē gōngwèi.
车间 有 三 个 焊接 工位。

**3** Qiáozhì shì yí gè hànjiēgōng.
乔治 是 一 个 焊接工。

 **语法点 2 练习** Exercise on Grammar Point 2

给"个"选择合适的位置。Choose the appropriate positions for "个".

**1** 这 A 是 B 一 C 30 千欧 D 的电阻。 （ ）

**2** 这个 A 线路板 B 要焊接 C 四 D 电阻。 （ ）

**3** 我 A 是 B 一 C 焊接工 D。 （ ）

**4** 用 A 一 B 尖嘴钳 C 把引脚 D 弯曲成直角。 （ ）

## 汉字书写 Writing Chinese Characters

rén 人 人

人 | 人 | 人 | 人 | 人 | | | | | |

gè 个 个 个

个 | 个 | 个 | 个 | 个 | | | | | |

cóng 从 从 从 从

从 | 从 | 从 | 从 | 从 | | | | | |

zhòng 众 众 众 众 众 众

众 | 众 | 众 | 众 | 众 | | | | | |

# 职业拓展 Career Insight

**Energy Saving and Cost Reduction**

Energy saving and cost reduction are essential for the survival of an enterprise. It is important to establish an energy-saving awareness by adopting the principle of "reducing costs bit by bit and increasing benefits minute by minute". With the best management practice, this approach can help achieve maximum energy-saving benefits. The Law on Energy Conservation of the People's Republic of China emphasizes strengthening the management of energy use and taking technically feasible, economically reasonable, and environmentally and socially acceptable measures across all the stages of energy production and consumption to help reduce consumption, minimize losses, cut pollutant emissions, and eliminate waste. This leads to the effective and rational use of energy.

# 小结 Summary

## 词语 Words

朗读下列词语。**Read aloud the following words.**

| | | | |
|---|---|---|---|
| 加工 | 电阻 | 引脚 | 尖嘴钳 |
| 某 | 镊子 | 弯曲 | 直角 |

## 语法　Grammar

朗读下列句子。**Read aloud the following sentences.**

**1** 焊接电阻前，要加工引脚。

**2** 进车间前，要摸静电释放球。

**3** 某线路板要焊接一个 27 千欧的电阻。

**4** 乔治是一个焊接工。

## 课文理解　Text Comprehension

根据提示，复述课文的主要内容。**Retell the main content of the text according to the prompts.**

线路板要焊接电阻——用尖嘴钳或镊子加工好引脚——再焊接电阻

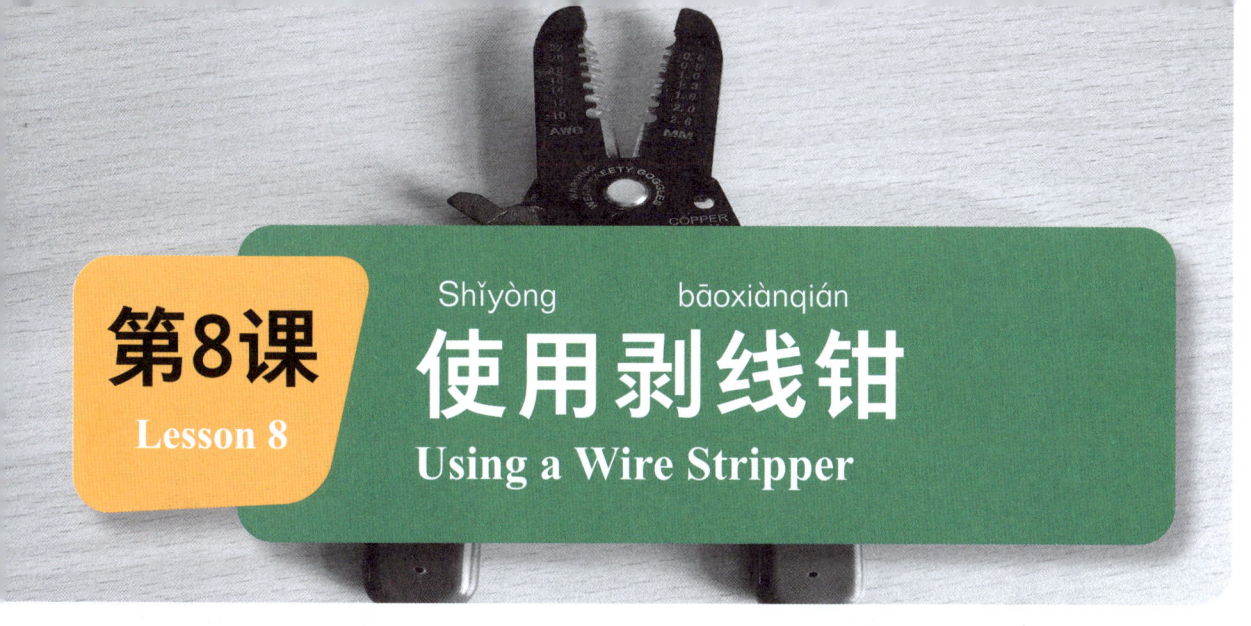

Shǐyòng bāoxiànqián

# 使用剥线钳

## Using a Wire Stripper

 复习 Revision

图文连线。 **Match the pictures with the corresponding words.**

• 电阻 •

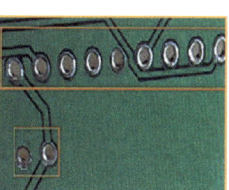

• 焊接 •

• 镊子 •

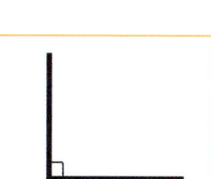

• 直角 •

• 线路板 •

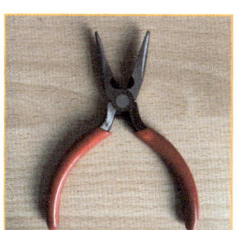

• 尖嘴钳 •

# 热身 Warm-up

给词语选择对应的图片。**Choose the corresponding pictures for the words.**

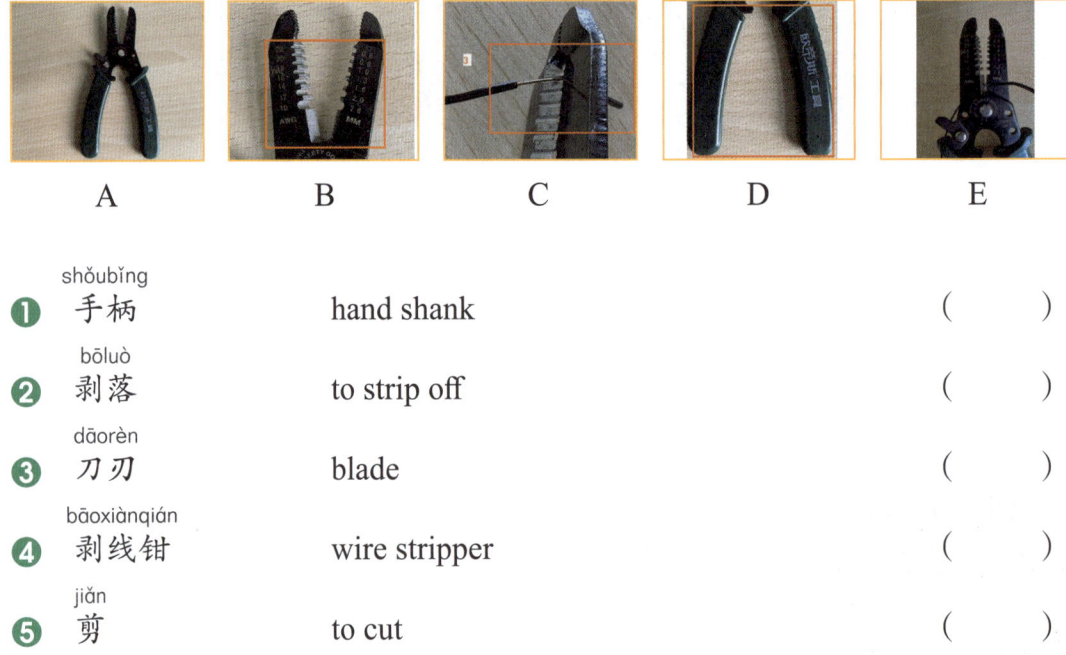

| A | B | C | D | E |
|---|---|---|---|---|

shǒubǐng
❶ 手柄　　　　　hand shank　　　　　　　（　　）

bōluò
❷ 剥落　　　　　to strip off　　　　　　　（　　）

dāorèn
❸ 刀刃　　　　　blade　　　　　　　　　　（　　）

bāoxiànqián
❹ 剥线钳　　　　wire stripper　　　　　　（　　）

jiǎn
❺ 剪　　　　　　to cut　　　　　　　　　　（　　）

# 学习生词 Words and Expressions  08-01

| 1 | 使用 | shǐyòng | v. | to use, to employ |
|---|---|---|---|---|
| 2 | 剥线钳 | bāoxiànqián | n. | wire stripper |
| 3 | 根 | gēn | m. | *a measure word for slender objects* |
| 4 | 剪 | jiǎn | v. | to cut |
| 5 | 放 | fàng | v. | to put, to place |

| 6 | 刀刃 | dāorèn | *n.* | blade, knife edge |
| 7 | 中间 | zhōngjiān | *n.* | middle |
| 8 | 握住 | wòzhù | *phr.* | to hold, to grasp |
| | 住 | zhù | *v.* | *used as a complement to a verb to indicate firmness or steadiness* |
| 9 | 手柄 | shǒubǐng | *n.* | hand shank, handle |
| 10 | 夹住 | jiāzhù | *phr.* | to clamp |
| 11 | 剥落 | bōluò | *v.* | to strip off |
| 12 | 露出 | lùchū | *phr.* | to expose |
| 13 | 皮 | pí | *n.* | leather, skin |
| 14 | 另 | lìng | *pron.* | another, other |
| 15 | 边 | biān | *n.* | side |

📖 **词语练习** Word Exercises

**1.** 给下面的词语选择对应的图片。**Choose the corresponding pictures for the following words.**

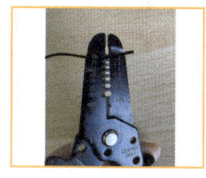
A

B

C

D

❶ 导线＿＿＿＿＿＿＿＿＿  ❷ 剪＿＿＿＿＿＿＿＿＿

❸ 剥落＿＿＿＿＿＿＿＿＿  ❹ 剥线钳＿＿＿＿＿＿＿＿＿

**2. 朗读词语搭配。Read aloud the word collocations.**

| ❶ 加工 | 加工导线 | ❷ 使用 | 使用剥线钳 |
|---|---|---|---|
| | 加工引脚 | | 使用电烙铁 |
| | | | 使用镊子 |

 **学习课文 Text** 🎧 08-02

Shǐyòng　bāoxiànqián
# 使用 剥线钳

Yòng bāoxiànqián jiāgōng yì gēn dǎoxiàn.
用 剥线钳 加工 一 根 导线。

Yòng bāoxiànqián jiǎn yì gēn dǎoxiàn.
1. 用 剥线钳 剪 一 根 导线。

Dǎoxiàn fàng zài dāorèn zhōngjiān.
2. 导线 放 在 刀刃 中间。

Wòzhù shǒubǐng. jiāzhù dǎoxiàn, bōluò
3. 握住 手柄，夹住 导线，剥落

juéyuánpí, lùchū xīnxiàn.
绝缘皮，露出 芯线。

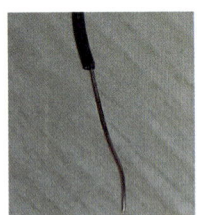

Zài jiāgōng dǎoxiàn de lìng yì biān.
4. 再 加工 导线 的 另 一 边。

## Using a Wire Stripper

Use a wire stripper to process a wire.

1. Cut a wire with a wire stripper.

2. Place the wire in the middle of the blade.

3. Hold the handle, clamp the wire, strip off the insulation, and expose the core wire.

4. Then, process the other side of the wire.

### 课文练习 Text Exercises

**1.** 根据课文选词填空。**Fill in the blanks with the appropriate words according to the text.**

① 工人 _____ 一根导线。

   A. 加工                         B. 焊接

② 用剥线钳 _____ 一根导线。

   A. 加工                         B. 剪

③ 导线放在刀刃的 _____。

   A. 右边                         B. 中间

④ 用剥线钳 _____ 绝缘皮。

   A. 剥落                         B. 断开

**2.** 根据课文给下列句子排序。**Sort the following sentences according to the text.**

① 剥落绝缘皮。          ② 握住手柄。

③ 导线放在刀刃中间。     ④ 剪一根导线。

_____

 **学习语法 Grammar**

 **语法点 1　Grammar Point 1**

介词"用"　The Preposition "用"

介词"用"表示引进动作、行为所凭借的工具、手段等。例如：

The preposition "用" introduces the tools or means by which an action or behavior is carried out. For example:

**1** 　Yòng bāoxiànqián jiǎn　yì　gēn dǎoxiàn.
　　用 剥线钳 剪 一 根 导线。

**2** 　Yòng gānfěn mièhuǒqì pūmiè diànqì huǒmiáo.
　　用 干粉灭火器 扑灭 电气 火苗。

**3** 　Yòng jiānzuǐqián huò　nièzi　wānqū yǐnjiǎo.
　　用 尖嘴钳 或 镊子 弯曲 引脚。

**语法点 1 练习　Exercise on Grammar Point 1**

连词成句。Make sentences with the words.

**1** ① 剥线钳　② 导线　③ 一根　④ 用　⑤ 剪

_____

**2** ① 电气火苗　② 干粉灭火器　③ 用　④ 扑灭

_____

**3** ① 尖嘴钳　② 镊子　③ 或　④ 引脚　⑤ 弯曲　⑥ 用

_____

**4** ①电阻　　②电烙铁　　③焊接　　④用

---

## 语法点 2　Grammar Point 2

**趋向补语（1）：动词＋出／进　Directional Complement (1): Verb＋出／进**

趋向补语"出／进"放在动词后，分别表示通过动作使人或物离开或进入某个空间或范围，或者表示人或物体通过动作在空间移动后的结果。例如：

The directional complement using "verb ＋出/进" means the action makes somebody or something leave or enter a certain space or domain, or indicates the result of somebody or something moving in space through an action. For example:

**1** Qǐng cóng bāo li náchū bāoxiànqián.
请 从 包 里 拿出 剥线钳。

**2** Mièhuǒqì yào fàngjìn chējiān.
灭火器 要 放进 车间。

**3** Yòng bāoxiànqián bōluò juéyuánpí, lùchū xīnxiàn.
用 剥线钳 剥落 绝缘皮，露出 芯线。

## 语法点 2 练习　Exercise on Grammar Point 2

选词填空。**Fill in the blanks with the appropriate words.**

**1** 请从包里拿_____剥线钳。　　　　出　进

**2** 压_____水。　　　　出　进

**3** 电烙铁要放_____车间。　　　　出　进

**4** 剥落绝缘皮，露_____芯线。　　　　出　进

## 汉字书写 Writing Chinese Characters

dà 大 大 大
大 | 大 | 大 | 大 | 大

tài 太 太 太 太
太 | 太 | 太 | 太 | 太

tiān 天 天 天 天
天 | 天 | 天 | 天 | 天

quǎn 犬 犬 犬 犬
犬 | 犬 | 犬 | 犬 | 犬

## 文化拓展 Culture Insight

**Traditional Chinese Medicine (TCM)**

TCM originated in primitive society. The theory of TCM was basically formed in Spring and Autumn Period and Warring States Period, and was summarized and developed in the subsequent dynasties. TCM carries the ancient Chinese people's experience and theoretical knowledge in combating diseases. It is a medical theoretical system gradually formed and developed through long-term medical practice under the guidance of ancient simple materialism and spontaneous dialectics.

 小结 **Summary**

### 词语 **Words**

朗读下列词语。**Read aloud the following words.**

| | | | |
|---|---|---|---|
| 使用 | 剥线钳 | 刀刃 | 握住 |
| 手柄 | 剥落 | 露出 | 另 |

### 语法 **Grammar**

朗读下列句子。**Read aloud the following sentences.**

1 用剥线钳剪一根导线。

2 用干粉灭火器扑灭电气火苗。

3 请从包里拿出剥线钳。

4 灭火器要放进车间。

### 课文理解 **Text Comprehension**

根据提示，复述课文的主要内容。**Retell the main content of the text according to the prompts.**

用剥线钳加工导线——剪断导线——剥落绝缘皮——加工导线的另一边

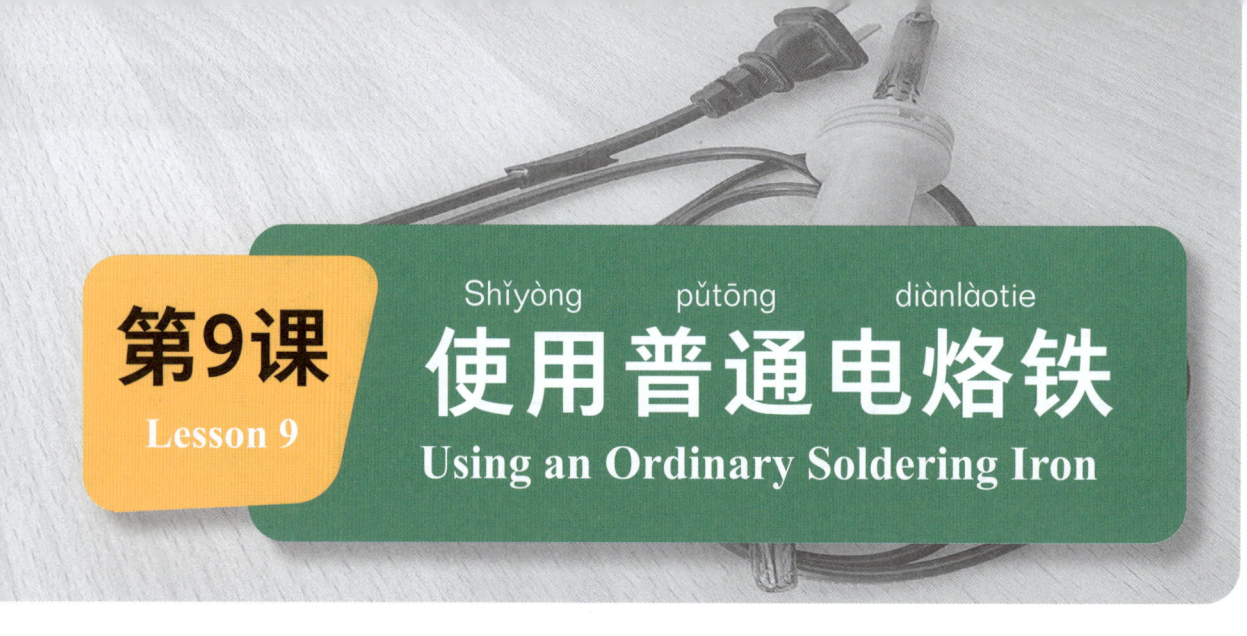

# 第9课
## Lesson 9

Shǐyòng    pǔtōng    diànlàotie
# 使用普通电烙铁
## Using an Ordinary Soldering Iron

 复习 Revision

图文连线。**Match the pictures with the corresponding words.**

• 剥线钳 •

• 导线 •

• 手柄 •

• 线路板 •

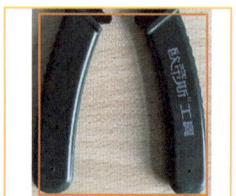

• 刀刃 •

• 剪 •

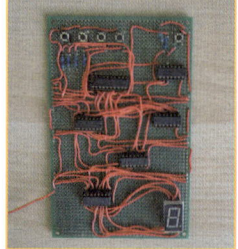

## 热身 Warm-up

给词语选择对应的图片。**Choose the corresponding pictures for the words.**

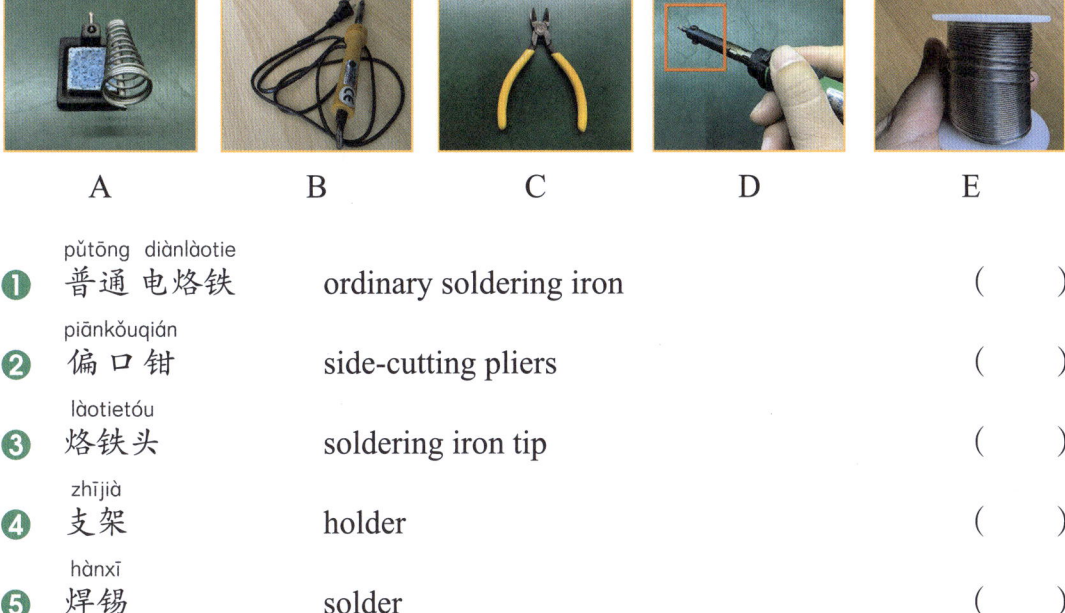

| A | B | C | D | E |

pǔtōng diànlàotie

❶ 普通 电烙铁　　ordinary soldering iron　　(　　)

piānkǒuqián

❷ 偏口钳　　side-cutting pliers　　(　　)

làotietóu

❸ 烙铁头　　soldering iron tip　　(　　)

zhījià

❹ 支架　　holder　　(　　)

hànxī

❺ 焊锡　　solder　　(　　)

## 学习生词 Words and Expressions  09-01

| 1 | 把 | bǎ | *prep.* | *used to introduce the object of the action* |
|---|---|---|---|---|
| 2 | 普通电烙铁 | pǔtōng diànlàotie | *phr.* | ordinary soldering iron |
| 3 | 支架 | zhījià | *n.* | stand, holder |
| 4 | 上 | shang | *n.* | up, above |
| 5 | 预热 | yùrè | *v.* | to preheat |

| 6 | 插入 | chārù | v. | to insert |
| 7 | 焊盘 | hànpán | n. | solder pad |
| 8 | 烙铁头 | làotietóu | n. | soldering iron tip |
| 9 | 缓缓 | huǎnhuǎn | adv. | slowly, gradually |
| 10 | 接触 | jiēchù | v. | to touch |
| 11 | 焊锡 | hànxī | n. | solder |
| 12 | 看 | kàn | v. | to see |
| 13 | 熔化 | rónghuà | v. | to melt |
| 14 | 偏口钳 | piānkǒuqián | n. | side-cutting pliers |
| 15 | 多余 | duōyú | adj. | excess |
| 16 | 金属 | jīnshǔ | n. | metal |

## 词语练习 Word Exercises

**1.** 给下面的词语选择对应的图片。**Choose the corresponding pictures for the following words.**

   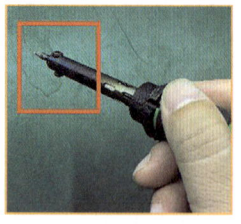

A     B     C     D

❶ 烙铁头＿＿＿＿＿＿　　❷ 焊锡＿＿＿＿＿＿

❸ 焊接＿＿＿＿＿＿　　❹ 支架＿＿＿＿＿＿

**2. 朗读词语搭配。Read aloud the word collocations.**

|   |   |   |   |   |
|---|---|---|---|---|
| ❶ 用 | 用普通电烙铁 | | ❷ 预热 | 预热电烙铁 |
| | 用偏口钳 | | | 预热烙铁头 |
| | 用烙铁头 | | | |

 学习课文 Text 🎧 09-02

Shǐyòng  pǔtōng  diànlàotie
## 使用普通电烙铁

Bǎ  pǔtōng  diànlàotie  fàng  zài  zhījià
1. 把普通电烙铁放在支架

shang,  yùrè.
上，预热。

Bǎ  jiāgōng  hǎo  de  dǎoxiàn  chārù  hànpán.
2. 把加工好的导线插入焊盘。

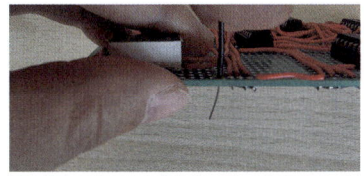

Yòng  làotietóu  huǎnhuǎn  jiēchù  hànxī,  kàn  làotietóu  néng
3. 用烙铁头缓缓接触焊锡，看烙铁头能

bu  néng  rónghuà  hànxī.
不能熔化焊锡。

Hànjiē.
4. 焊接。

Yòng piānkǒuqián bǎ duōyú de jīnshǔ jiǎndiào.
5. 用 偏口钳把多余的金属剪掉。

## Using an Ordinary Soldering Iron

1. Put the ordinary soldering iron on the stand, and preheat.

2. Insert the processed wire into the solder pad.

3. Gently touch the solder with the soldering iron tip, and check whether the soldering iron tip can melt the solder.

4. Weld.

5. Use side-cutting pliers to cut off excess metal.

### 课文练习 Text Exercises

1. 根据课文选词填空。**Fill in the blanks with the appropriate words according to the text.**

❶ 普通电烙铁 _____ 放在支架上。

　A. 要　　　　　　　　　　　B. 能

❷ 烙铁头 _____ 接触电源导线。

　A. 不能　　　　　　　　　　B. 能

③ 加工好的导线 _____ 焊盘。

   A. 拔出                  B. 插入

④ 焊接好了，用 _____ 把多余的金属剪掉了。

   A. 偏口钳            B. 剥线钳

**2. 根据课文给下列句子排序。Sort the following sentences according to the text.**

① 焊接。                ② 把多余的金属剪掉了。

③ 把导线插入焊盘。       ④ 用烙铁头接触焊锡。

---

# 学习语法 Grammar

## 语法点 1   Grammar Point 1

"把" 字句（1）：把 + 宾语 + 动词 + 在 + 处所

"把" Sentences (1): 把 + Object + Verb + 在 + Location

**表处置，说明动作使某个确定的事物位置发生了变动。例如：**

It indicates disposal, which means that an action causes something specific to change its position. For example:

---

Bǎ diànlàotie fàng zài zhījià shang.
① 把 电烙铁 放 在 支架 上。

Qiáozhì bǎ gānfěn mièhuǒqì fàng zài chējiān le.
② 乔治 把 干粉 灭火器 放 在 车间 了。

Qǐng bǎ diànzǐ yuánqìjiàn hànjiē zài xiànlùbǎn shang.
③ 请 把 电子 元器件 焊接 在 线路板 上。

### 语法点 1 练习　Exercise on Grammar Point 1

连词成句。Make sentences with the words.

**1** ①支架　②请　③电烙铁　④把　⑤在　⑥放　⑦上

_____

**2** ①上　②把　③连接　④压把　⑤灭火器　⑥在

_____

**3** ①了　②王天　③把　④放　⑤车间　⑥在　⑦镊子

_____

**4** ①把　②电阻　③在　④线路板　⑤焊接　⑥上

_____

### 语法点 2　Grammar Point 2

**介词"在"　The Preposition "在"**

**可在动词后，表示动作发生的处所。例如：**

It can be used after a verb to indicate where the action takes place. For example:

Qǐng bǎ diànlàotie fàng zài zhījià shang.
**1** 请 把 电烙铁 放 在 支架 上。

Gānfěn mièhuǒqì fàng zài kùfáng.
**2** 干粉 灭火器 放 在 库房。

Diànzǐ yuánqìjiàn hànjiē zài xiànlùbǎn shang.
**3** 电子 元器件 焊接 在 线路板 上。

**语法点 2 练习** **Exercise on Grammar Point 2**

连词成句。**Make sentences with the words.**

**1** ①把　　②放　　③电烙铁　　④支架　　⑤在　　⑥上

_____

**2** ①焊接　　②线路板　　③在　　④上　　⑤电阻

_____

**3** ①放　　②导线　　③中间　　④在　　⑤刀刃　　⑥把

_____

**4** ①镊子　　②车间　　③了　　④在　　⑤放

_____

**汉字书写 Writing Chinese Characters**

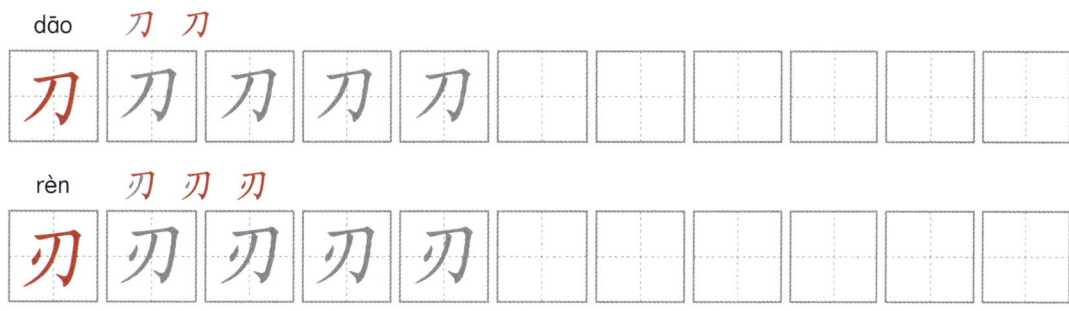

dāo 刀 刀

刀 刀 刀 刀 刀

rèn 刃 刃 刃

刃 刃 刃 刃 刃

lì 力 力
力　力　力　力　力

bàn 办 办 办 办
办　办　办　办　办

 **职业拓展 Career Insight**

### Security Risk Levels

Security risk levels are divided into critical risk (red risk), high risk (orange risk), moderate risk (yellow risk) and low risk (blue risk) listed in descending order of severity.

(1) Critical risks: There are numerous risk factors and it is difficult to control them. If an accident occurs, it will cause severe economic losses or heavy casualties.

(2) High risk: There are many risk factors, which are difficult to control, and an accident may cause major economic losses or significant casualties;

(3) Moderate risk: The risk is manageable and an accident may cause moderate economic losses or serious injuries;

(4) Low risk: The risk is well-controlled, and if an accident occurs, it will cause minor economic losses or minor injuries.

# 小结 Summary

## 词语 Words

朗读下列词语。**Read aloud the following words.**

| | | | |
|---|---|---|---|
| 普通电烙铁 | 支架 | 预热 | 烙铁头 |
| 焊锡 | 看 | 偏口钳 | 多余 |

## 语法 Grammar

朗读下列句子。**Read aloud the following sentences.**

1. 请把电烙铁放在支架上。
2. 请把电子元器件焊接在线路板上。
3. 把干粉灭火器放在库房里。
4. 乔治把干粉灭火器放在车间了。

## 课文理解 Text Comprehension

根据提示，复述课文的主要内容。**Retell the main content of the text according to the prompts.**

用普通电烙铁焊接——把电烙铁放在支架上预热——看烙铁头能不能熔化焊锡——焊接——把多余的金属剪掉

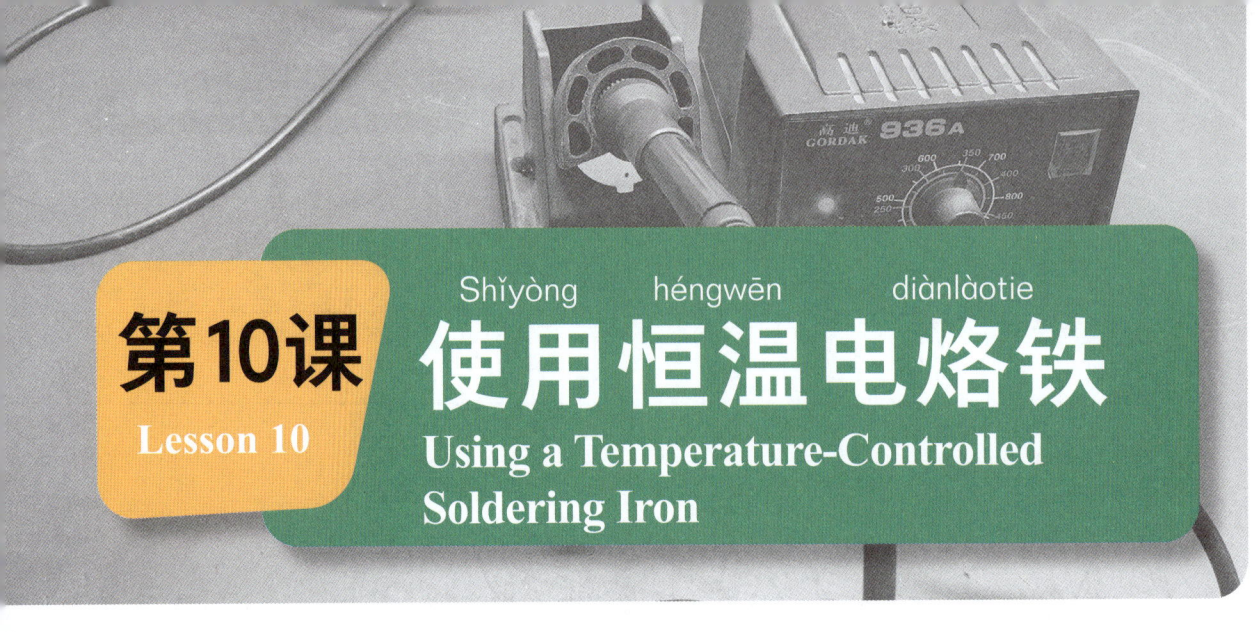

Shǐyòng héngwēn diànlàotie

# 使用恒温电烙铁

Using a Temperature-Controlled Soldering Iron

 **复习 Revision**

图文连线。**Match the pictures with the corresponding words.**

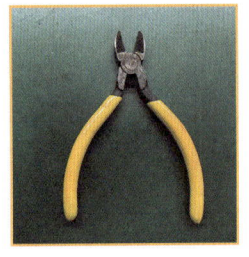

• 支架 •

• 偏口钳 •

• 焊盘 •

• 烙铁头 •

• 焊锡 •

• 焊接 •

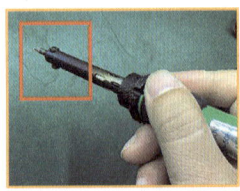

# 热身 Warm-up

给词语选择对应的图片。Choose the corresponding pictures for the words.

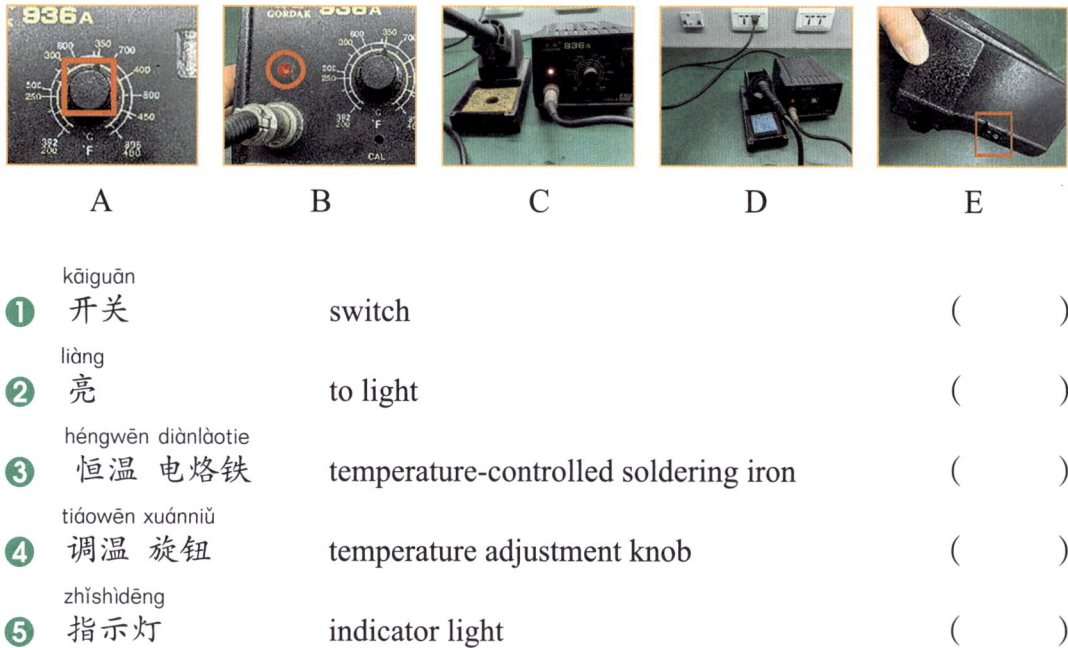

| A | B | C | D | E |

kāiguān
❶ 开关　　　　　　switch　　　　　　　　　　　　　　　　（　　）

liàng
❷ 亮　　　　　　　to light　　　　　　　　　　　　　　　（　　）

héngwēn diànlàotie
❸ 恒温 电烙铁　　temperature-controlled soldering iron　（　　）

tiáowēn xuánniǔ
❹ 调温 旋钮　　　temperature adjustment knob　　　　（　　）

zhǐshìdēng
❺ 指示灯　　　　　indicator light　　　　　　　　　　　（　　）

# 学习生词 Words and Expressions  10-01

| 1 | 恒温电烙铁 | héngwēn diànlàotie | *phr.* | temperature-controlled soldering iron |
|---|---|---|---|---|
| 2 | 连接 | liánjiē | *v.* | to connect |
| 3 | 打开 | dǎ//kāi | *v.* | to turn on |
| 4 | 开关 | kāiguān | *n.* | switch |

| 5 | 指示灯 | zhǐshìdēng | *n.* | indicator light |
| 6 | 长 | cháng | *adj.* | long |
| 7 | 亮 | liàng | *v.* | to light |
| 8 | 调温 | tiáowēn | *phr.* | temperature adjustment |
| 9 | 旋钮 | xuánniǔ | *n.* | knob |
| 10 | 设置 | shèzhì | *v.* | to set |
| 11 | 摄氏度（℃） | shèshìdù | *n.* | degree centigrade |
| 12 | 到 | dào | *v.* | to reach |
| 13 | 闪烁 | shǎnshuò | *v.* | to flash |
| 14 | 去 | qù | *v.* | to go |
| 15 | 关闭 | guānbì | *v.* | to turn off |

### 词语练习 Word Exercises

**1.** 给下面的词语选择对应的图片。**Choose the corresponding pictures for the following words.**

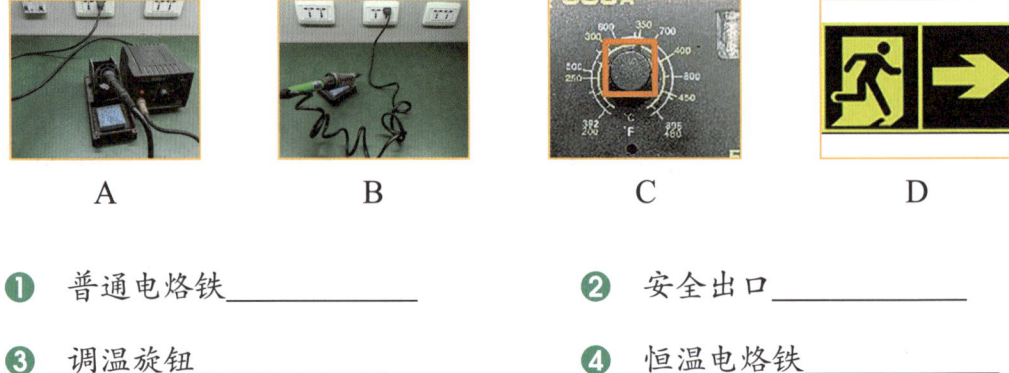

A　　　　　　B　　　　　　C　　　　　　D

❶ 普通电烙铁＿＿＿＿＿＿　　　❷ 安全出口＿＿＿＿＿＿

❸ 调温旋钮＿＿＿＿＿＿　　　❹ 恒温电烙铁＿＿＿＿＿＿

**2.** 朗读词语搭配。**Read aloud the word collocations.**

| | | | |
|---|---|---|---|
| **①** 电烙铁 | 恒温电烙铁 | **②** 开关 | 打开开关 |
| | | | 关闭开关 |
| | | | 电源开关 |
| | 普通电烙铁 | **③** 多余的 | 金属 |
| | | | 导线 |
| | | | 焊锡 |

## 学习课文 Text 🎧 10-02

Shǐyòng héngwēn diànlàotie
### 使用恒温电烙铁

Bǎ héngwēn diànlàotie fàng
1.把恒温电烙铁放
zài zhījià shang. Liánjiē diànyuán,
在 支架 上。连接 电源，
dǎkāi kāiguān, zhǐshìdēng cháng liàng.
打开开关，指示灯长 亮。

Bǎ tiáowēn xuánniǔ shèzhì chéng
2. 把调温 旋钮 设置 成

350　shèshìdù（℃）. Làotietóu dàole
350 摄氏度（℃）。烙铁头 到了

350　shèshìdù（℃）, zhǐshìdēng shǎnshuò.
350 摄氏度（℃），指示灯 闪烁。

Bǎ yì gēn dǎoxiàn chārù hànpán.
3. 把 一 根 导线 插入 焊盘。

Hànjiē.
4. 焊接。

Jiǎnqù duōyú de jīnshǔ.
5. 剪去 多余 的 金属。

Guānbì kāiguān.
6. 关闭 开关。

## Using a Temperature-Controlled Soldering Iron

1. Place the temperature-controlled soldering iron on the stand. Connect the power supply, turn on the power switch, and the pilot lamp stays.

2. Set the temperature adjustment knob to 350 ℃. When the tip of the soldering iron reaches 350 ℃, the pilot lamp flashes.

3. Insert the wire into the solder pad.

4. Weld.

5. Cut off any excess metal.

6. Turn off the power switch.

## 课文练习 Text Exercises

**1. 根据课文选词填空。Fill in the blanks with the appropriate words according to the text.**

1 _____有电源开关。

A. 普通电烙铁　　　　　　　　　　B. 恒温电烙铁

2 _____不能调温。

A. 普通电烙铁　　　　　　　　　　B. 恒温电烙铁

3 焊接好了，要剪去多余的_____。

A. 绝缘皮　　　　　　　　　　B. 金属

4 焊接好了，_____要关闭开关。

A. 普通电烙铁　　　　　　　　　　B. 恒温电烙铁

**2. 根据课文给下列句子排序。Sort the following sentences according to the text.**

1 打开电源开关。

2 把调温旋钮设置成 350 摄氏度。

3 焊接。

4 关闭电源开关。

_____

 **学习语法 Grammar**

### 语法点 1　Grammar Point 1

"把" 字句（2）：把 + 宾语 1+ 动词 + 成 + 宾语 2

"把" Sentences (2): 把 + Object 1 + Verb + 成 + Object 2

表处置，说明特定事物进行某种动作后发生了变化或产生了某种结果。例如：

It indicates disposal, which means that a particular thing has changed or produced a certain result after an action. For example:

Bǎ tiáowēn xuánniǔ shèzhì chéng 350 shèshìdù.
1 把 调温 旋钮 设置 成 350 摄氏度。

Bǎ yǐnjiǎo jiāgōng chéng zhíjiǎo.
2 把 引脚 加工 成 直角。

Bǎ làotietóu yùrè chéng 200 shèshìdù.
3 把 烙铁头 预热 成 200 摄氏度。

### 语法点 1 练习　Exercise on Grammar Point 1

给 "把" 选择合适的位置。Choose the appropriate positions for "把".

1 A 调温旋钮 B 设置 C 成 D 350 摄氏度。　　　　　　　　（　　）

2 A 引脚 B 加工 C 成直角 D。　　　　　　　　　　　　　（　　）

3 请 A 烙铁头 B 预热 C 成 D 200 摄氏度。　　　　　　　（　　）

4 A 金属 B 加工 C 成芯线 D。　　　　　　　　　　　　　（　　）

## 语法点 2　Grammar Point 2

"把"字句（3）：把 + 宾语 + 动词 + 趋向补语

"把" Sentences (3): 把+ Object + Verb + Directional Complement

表处置，强调动作使某个确指事物的位置发生了移动。例如：

It indicates disposal, which emphasizes that an action causes the position of a specific designated object to move. For example:

1 　Bǎ dǎoxiàn chārù hànpán.
　　把 导线 插入 焊盘。

2 　Bǎ mièhuǒqì fàngjìn chējiān.
　　把 灭火器 放进 车间。

3 　Qiáozhì bǎ jiānzuǐqián fàngjìn bāo li le.
　　乔治 把 尖嘴钳 放进 包里了。

## 语法点 2 练习　Exercise on Grammar Point 2

连词成句。**Make sentences with the words.**

1 　①导线　　②焊盘　　③把　　④插入

_____

2 　①镊子　　②包里　　③把　　④放进　　⑤请

_____

3 　①放进　　②灭火器　　③把　　④车间

_____

4 　①剥线钳　　②请　　③放进　　④把　　⑤包里

_____

# 汉字书写 Writing Chinese Characters

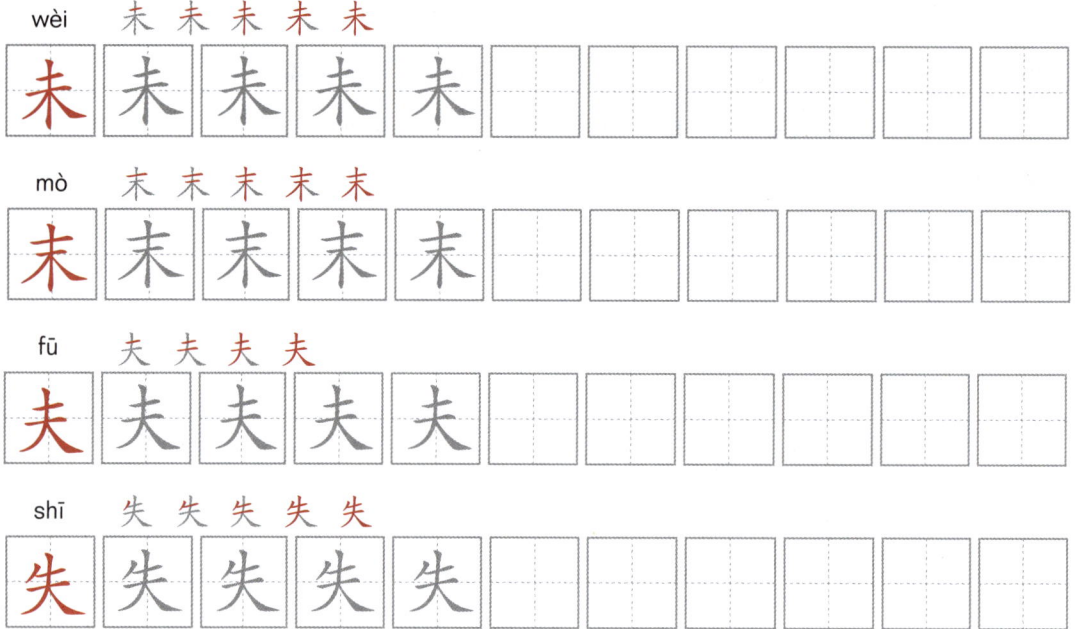

# 文化拓展 Culture Insight

**The Four Great Inventions of China**

The Four Great Inventions of China are among the most representative aspects of traditional Chinese culture, which refer to gunpowder, papermaking, printing, and the compass. Papermaking directly made recording written language more convenient. The compass helped people in ancient times determine directions and provided significant assistance in daily life and navigation.

# 小结 Summary

## 词语 Words

朗读下列词语。**Read aloud the following words.**

| | | | |
|---|---|---|---|
| 恒温电烙铁 | 打开 | 开关 | 指示灯 |
| 调温旋钮 | 设置 | 闪烁 | 关闭 |

## 语法 Grammar

朗读下列句子。**Read aloud the following sentences.**

1. 把调温旋钮设置成 350 摄氏度。
2. 把引脚加工成直角。
3. 把导线插入焊盘。
4. 把尖嘴钳放进包里。

## 课文理解 Text Comprehension

根据提示，复述课文的主要内容。**Retell the main content of the text according to the prompts.**

用恒温电烙铁焊接——连接电源——打开开关——设置调温旋钮——焊接——关闭开关

 复习 Revision

图文连线。**Match the pictures with the corresponding words.**

• 烙铁头 •

• 亮 •

• 恒温电烙铁 •

• 指示灯 •

• 旋钮 •

• 开关 •

## 热身 Warm-up

给词语选择对应的图片。**Choose the corresponding pictures for the words.**

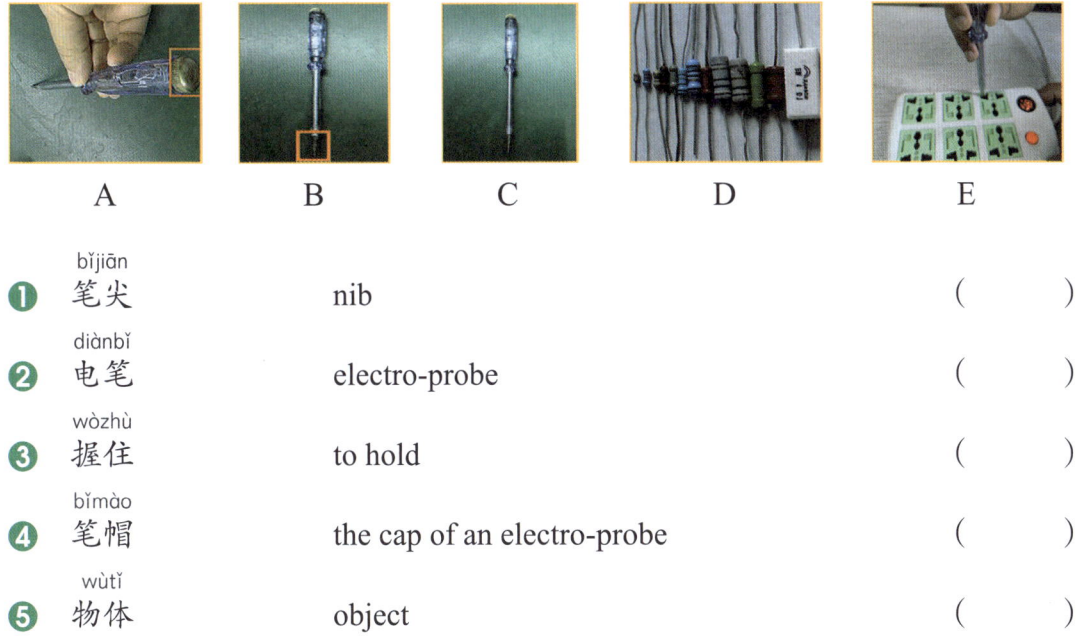

A　　　　B　　　　C　　　　D　　　　E

bǐjiān
**❶ 笔尖**　　　　nib　　　　　　　　　　　　　　( 　 )

diànbǐ
**❷ 电笔**　　　　electro-probe　　　　　　　　( 　 )

wòzhù
**❸ 握住**　　　　to hold　　　　　　　　　　　( 　 )

bǐmào
**❹ 笔帽**　　　　the cap of an electro-probe　　( 　 )

wùtǐ
**❺ 物体**　　　　object　　　　　　　　　　　( 　 )

## 学习生词 Words and Expressions 🎧 11-01

| 1 | 检测 | jiǎncè | v. | to check |
|---|---|---|---|---|
| 2 | 是否 | shìfǒu | adv. | whether |
| 3 | 电 | diàn | n. | electricity |
| 4 | 电笔 | diànbǐ | n. | electro-probe |
| 5 | 可以 | kěyǐ | opt. | may, can |

| 6 | 物体 | wùtǐ | *n.* | object |
|---|---|---|---|---|
| 7 | 食指 | shízhǐ | *n.* | index finger |
| 8 | 笔帽 | bǐmào | *n.* | cap of electro-probe |
| 9 | 大拇指 | dàmǔzhǐ | *n.* | thumb |
| 10 | 中指 | zhōngzhǐ | *n.* | middle finger |
| 11 | 无名指 | wúmíngzhǐ | *n.* | the ring (fourth) finger |
| 12 | 笔尖 | bǐjiān | *n.* | nib, pen point |
| 13 | 越 | yuè | *adv.* | *(used in duplicates "越……越……")* the more... the more... |
| 14 | 电压 | diànyā | *n.* | voltage |
| 15 | 高 | gāo | *adj.* | high |

## 词语练习 Word Exercises

**1.** 给下面的词语选择对应的图片。**Choose the corresponding pictures for the following words.**

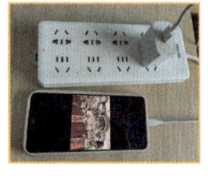
A

B

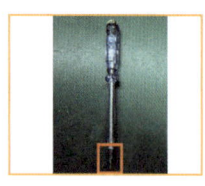
C

D

❶ 电阻＿＿＿＿＿＿＿　　❷ 笔帽＿＿＿＿＿＿＿

❸ 笔尖＿＿＿＿＿＿＿　　❹ 连接＿＿＿＿＿＿＿

**2. 朗读词语搭配。Read aloud the word collocations.**

| | | | | |
|---|---|---|---|---|
| ❶ 越 | ……越亮，……越高 | ❷ 是否 | 是否有电 | |
| | ……越……，越安全 | | 是否安全 | |
| | | | 是否绝缘 | |

 **学习课文 Text** 🎧 11-02

Jiǎncè shìfǒu yǒu diàn
## 检测是否有电

Yòng diànbǐ kěyǐ jiǎncè wùtǐ shìfǒu yǒu diàn, bìmiǎn
用 电笔 可以 检测 物体 是否 有 电，避免

chùdiàn.
触电。

Yòng shízhǐ yā bǐmào.
1. 用 食指 压 笔帽。

Dàmǔzhǐ、 zhōngzhǐ hé wúmíngzhǐ wòzhù diànbǐ. Yòng
2. 大拇指、中指 和 无名指 握住 电笔。用

bǐjiān jiēchù wùtǐ.
笔尖 接触 物体。

Wùtǐ yǒu diàn, diànbǐ de zhǐshìdēng huì liàng. Zhǐshìdēng
3. 物体 有 电，电笔 的 指示灯 会 亮。指示灯

yuè liàng, wùtǐ de diànyā yuè gāo.
越 亮，物体 的 电压 越 高。

## Checking for Power

The object can be checked for power with an electro-probe, which can prevent electric shock.

1. Press the cap of the electro-probe with your index finger.

2. Hold the electro-probe steady with your thumb, middle and ring fingers. Use the tip to touch the object.

3. If the object is electrified, the pilot lamp of electro-probe will light up. The brighter the pilot lamp light is, the higher the voltage is.

## 课文练习 Text Exercises

1. 根据课文选词填空。**Fill in the blanks with the appropriate words according to the text.**

① 电笔有_____。

　A. 笔帽　　　　　　　　　　B. 开关

② 物体有电时，电笔的指示灯会_____。

　A. 闪烁　　　　　　　　　　B. 亮

③ 使用电笔_____避免触电。

　A. 能　　　　　　　　　　　B. 不能

④ 用电笔检测是否有电，用_____接触物体。

　A. 笔帽　　　　　　　　　　B. 笔尖

**2.** 根据课文给下列句子排序。**Sort the following sentences according to the text.**

**1** 大拇指、中指和无名指握住电笔。

**2** 电笔的指示灯亮。

**3** 食指压笔帽。

**4** 用笔尖接触物体。

# 学习语法 Grammar

 **语法点1** **Grammar Point 1**

**能愿动词"可以"** **The Optative Verb "可以"**

汉语中表示可能、必要、意愿的动词叫能愿动词。能愿动词后面紧接动词。能愿动词"可以"用在动词前面，表示具备可能性。例如：

In Chinese, the verbs that express possibility, necessity, or willingness are called optative verbs. An optative verb is followed directly by a verb. The optative verb "可以" comes before the verb, indicating possibility. For example:

Yòng diànbǐ kěyǐ jiǎncè wùtǐ shìfǒu yǒu diàn, bìmiǎn chùdiàn.
**1** 用 电笔 可以 检测 物体 是否 有 电，避免 触电。

"Ānquán chūkǒu" biāozhì kěyǐ zhǐyǐn líkāi chējiān.
**2** "安全 出口" 标志 可以 指引 离开 车间。

Kěyǐ yòng gānfěn mièhuǒqì pūmiè diànqì huǒmiáo.
**3** 可以 用 干粉 灭火器 扑灭 电气 火苗。

**语法点 1 练习　Exercise on Grammar Point 1**

给"可以"选择合适的位置。**Choose the appropriate positions for "可以".**

**1** 摸 A 静电释放球 B，C 避免有 D 静电。　　　　　（　　）

**2** A"安全出口"标志 B 指引 C 你离开 D 车间。　　　（　　）

**3** 烙铁头 A 的温度 B 高，C 熔化 D 焊锡。　　　　　（　　）

**4** 用 A 笔尖接触 B 物体，C 检测物体是否有电 D。　（　　）


**语法点 2　Grammar Point 2**

**越 A，越 B**

**表示 B 随着 A 的变化而变化，例如：**

It indicates B changes with A. For example:

**1** Zhǐshìdēng yuè liàng,　diànyā yuè gāo.
指示灯 越 亮， 电压 越 高。

**2** Gōngrén yuè zūnshǒu ānquán biāozhì,　yuè ānquán.
工人 越 遵守 安全 标志， 越 安全。

**3** Dǎoxiàn yuè juéyuán,　diànlàotie yuè ānquán.
导线 越 绝缘， 电烙铁越 安全。


**语法点 2 练习　Exercise on Grammar Point 2**

选择正确的词语完成句子。**Choose the right words to complete the sentences.**

**1** 指示灯越（　　　　），电压越（　　　　）。

　　A. 亮　　　　　　　　B. 高

2 导线越（　　　），电烙铁越（　　　）。

 A. 安全       B. 绝缘

3 工人越（　　　），车间越（　　　）。

 A. 安全       B. 遵守标志

4 温度（temperature）越（　　　），焊锡熔化越（　　　）。

 A. 快      B. 高

 汉字书写 Writing Chinese Characters

niú 牛 牛 牛 牛
牛 牛 牛 牛 牛

yáng 羊 羊 羊 羊 羊 羊
羊 羊 羊 羊 羊

gǒu 狗 狗 狗 狗 狗 狗 狗 狗
狗 狗 狗 狗 狗

mǎ 马 马 马
马 马 马 马 马

## 职业拓展　Career Insight

### Risk Control Measures

Risk control measures consist of risk point investigation, risk factor identification, risk assessment and classification, and determination of significant and high risks.

Organize the whole process of production and operation for risk point investigation. Select the appropriate analysis and identification methods for risk factor identification of the identified risk points, and identify the possible unsafe behaviors and conditions, management defects and environmental factors to minimize the risk.

## 小结　Summary

 词语　Words

朗读下列词语。Read aloud the following words.

| | | | |
|---|---|---|---|
| 检测 | 是否 | 电笔 | 物体 |
| 笔帽 | 笔尖 | 越 | 电压 |

## 语法 Grammar

朗读下列句子。Read aloud the following sentences.

1. 用电笔可以检测物体是否有电，避免触电。

2. "安全出口"标志可以指引离开车间。

3. 指示灯越亮，电压越高。

4. 导线越绝缘，电烙铁越安全。

## 课文理解 Text Comprehension

根据提示，复述课文的主要内容。Retell the main content of the text according to the prompts.

用电笔检测——笔帽——握住电笔——笔尖——指示灯亮——指示灯越亮

Zhǔnbèi    shùzì    wànyòngbiǎo

# 准备数字万用表

## Preparing a DMM

 复习 Revision

图文连线。**Match the pictures with the corresponding words.**

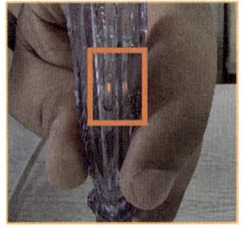

• 检测 •

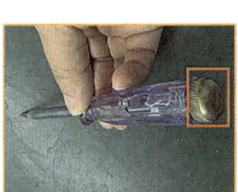

• 指示灯 •

• 电笔 •

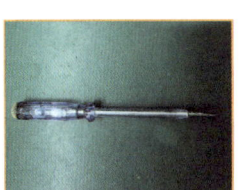

• 开关 •

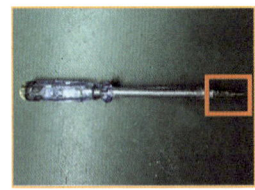

• 笔帽 •

• 笔尖 •

# 热身 Warm-up

给词语选择对应的图片。**Choose the corresponding pictures for the words.**

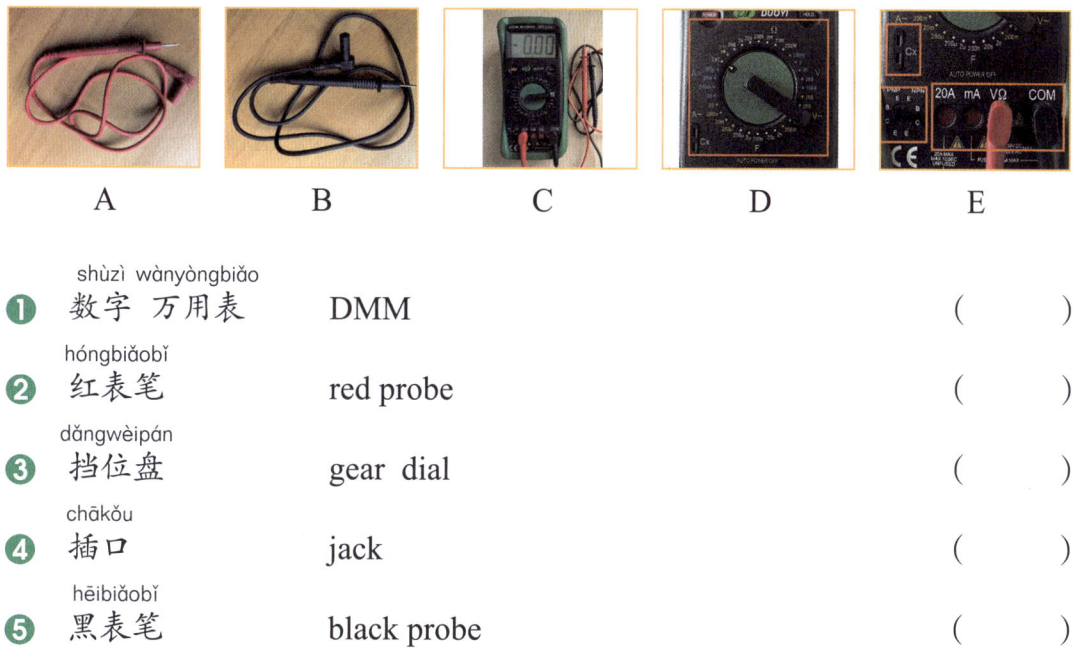

| A | B | C | D | E |

<table>
<tr><td>❶</td><td>shùzì wànyòngbiǎo<br>数字 万用表</td><td>DMM</td><td>(　　)</td></tr>
<tr><td>❷</td><td>hóngbiǎobǐ<br>红表笔</td><td>red probe</td><td>(　　)</td></tr>
<tr><td>❸</td><td>dǎngwèipán<br>挡位盘</td><td>gear dial</td><td>(　　)</td></tr>
<tr><td>❹</td><td>chākǒu<br>插口</td><td>jack</td><td>(　　)</td></tr>
<tr><td>❺</td><td>hēibiǎobǐ<br>黑表笔</td><td>black probe</td><td>(　　)</td></tr>
</table>

# 学习生词 Words and Expressions  12-01

| 1 | 准备 | zhǔnbèi | *v.* | to prepare |
|---|---|---|---|---|
| 2 | 数字万用表 | shùzì wànyòngbiǎo | *phr.* | digital multimeter (DMM) |
| 3 | 步（骤） | bù (zhòu) | *n.* | step, procedure |
| 4 | 插口 | chākǒu | *n.* | jack |

| 5 | 红表笔 | hóngbiǎobǐ | *n.* | red probe |
| 6 | 黑表笔 | hēibiǎobǐ | *n.* | black probe |
| 7 | 然后 | ránhòu | *conj.* | then |
| 8 | 电容 | diànróng | *n.* | capacitance, capacitor |
| 9 | 三极管 | sānjíguǎn | *n.* | triode, transistor |
| 10 | 挡位盘 | dǎngwèipán | *n.* | gear dial |
| 11 | 二极管 | èrjíguǎn | *n.* | diode |
| 12 | 挡 | dǎng | *n.* | gear |
| 13 | 放大倍数 | fàngdà bèishù | *phr.* | amplification, magnification |

## 词语练习 Word Exercises

1. 给下面的词语选择对应的图片。**Choose the corresponding pictures for the following words.**

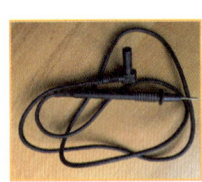

A              B              C              D

❶ 黑表笔＿＿＿＿＿＿＿　　　❷ DMM＿＿＿＿＿＿＿

❸ 剥线钳＿＿＿＿＿＿＿　　　❹ 电源开关＿＿＿＿＿＿＿

**2.** 朗读词语搭配。**Read aloud the word collocations.**

| | | | | | |
|---|---|---|---|---|---|
| **❶** 电源 | 打开电源 | | **❷** 准备 | 准备插口 | |
| | 断开电源 | | | 准备挡位盘 | |
| | 电源开关 | | | 准备数字万用表 | |

## 学习课文 Text 🎧 12-02

Zhǔnbèi  shùzì  wànyòngbiǎo
# 准备 数字 万用表

　　Dì-yī　bù,　　dǎkāi　diànyuán.
第一 步，打开 电源。

　　Dì-èr　bù,　　xiān zhǔnbèi hóngbiǎobǐ、　hēibiǎobǐ,　　ránhòu zài
第二 步，先 准备 红表笔、黑表笔，然后 再

chārù　chākǒu.
插入 插口。

diànyā、　diànzǔ de chākǒu
电压、电阻的插口

diànróng de chākǒu
电容的插口

sānjíguǎn de chākǒu
三极管的插口

Dì-sān bù, tiáojié dǎngwèipán.
第三步，调节挡位盘。

èrjíguǎn dǎng
二极管挡

sānjíguǎn fàngdà
三极管放大
bèishù dǎng
倍数挡

diànróngdǎng
电容挡

diànzǔdǎng
电阻挡

   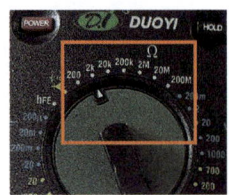

DMM zhǔnbèi hǎo le.
DMM 准备好了。

## Preparing a DMM

Step 1: Turn on the power.

Step 2: Prepare the red probe and black probe, and then insert them into the jacks.

the jack for measuring
voltage and resistance

the jack for measuring
capacitance

the jack for measuring
triode

Step 3: Prepare the gear dial.

| the gear of testing diode | the gear of measuring triode magnification | the gear of measuring capacitance | the gear of measuring resistance |
|---|---|---|---|
|  |  |  |  |

The DMM is ready.

## 课文练习 Text Exercises

**1. 根据课文选词填空。Fill in the blanks with the appropriate words according to the text.**

**1** DMM 表示_____。

    A. 数字万用表                 B. 恒温电烙铁

**2** DMM 有_____个表笔。

    A. 一                       B. 两（liǎng，two）

**3** DMM 有_____。

    A. 设备                    B. 电源

**4** 准备 DMM 有_____个步骤。

    A. 三                       B. 四

**2.** 根据课文给下列句子排序。**Sort the following sentences according to the text.**

1 准备红表笔、黑表笔。　　2 把红表笔、黑表笔插入插口。

3 打开电源。　　4 准备挡位盘。

## 学习语法 Grammar

### 语法点1　Grammar Point 1

**先……，然后……**

**表示动作或行为一个发生在前，一个发生在后。例如：**

It indicates that one action or behavior occurs before the other. For example:

Xiān zhǔnbèi hóngbiǎobǐ、 hēibiǎobǐ, ránhòu zài chārù chākǒu.
1 先 准备 红表笔、黑表笔，然后 再 插入 插口。

Xiān duànkāi diànyuán, ránhòu zài báchū gānfěn mièhuǒqì de bǎoxiǎnxiāo.
2 先 断开 电源，然后 再 拔出 干粉 灭火器 的 保险销。

Xiān mō jìngdiàn shìfàngqiú, ránhòu zài jìn chējiān.
3 先 摸 静电 释放球，然后 再 进 车间。

### 语法点1练习　Exercise on Grammar Point 1

用"先……，然后……"组句。**Use "先……，然后……" to make sentences.**

1 ①准备红表笔、黑表笔　　②再插入插口

**2** ①预热　　②把加工好的导线插入焊盘

_____

**3** ①断开电源　　②再拔出干粉灭火器的保险销

_____

**4** ①穿防静电服　　②再进入车间

_____

### 语法点 2　Grammar Point 2

**动词 + 好　Verb + 好**

**表示动作完成并达到了完善、令人满意的程度。例如：**

It indicates that an action has been finished and reached a satisfactory level. For example:

**1** DMM 准备 好 了。
　DMM zhǔnbèi hǎo le.

**2** 戴好 安全帽。
　Dàihǎo ānquánmào.

**3** 防静电服 穿好 了。
　Fángjìngdiànfú chuānhǎo le.

### 语法点 2 练习　Exercise on Grammar Point 2

给 "好" 选择合适的位置。Choose the appropriate positions for "好".

**1** 把 A 加工 B 的导线 C 插入 D 焊盘。　　　　　　　（　　　）

**2** A 烙铁头 B 预热 C 了 D。　　　　　　　　　　　（　　　）

**3** 线路板 A 焊接 B 了 C。　　　　　　　　　　　　（　　　）

**4** 焊接前 A 要准备 B 电烙铁 C 和 D 焊锡。　　　　　（　　　）

 ## 汉字书写 Writing Chinese Characters

rì
日 | 日 | 日 | 日 | 日

yuè
月 | 月 | 月 | 月 | 月

míng
明 | 明 | 明 | 明 | 明

péng
朋 | 朋 | 朋 | 朋 | 朋

 ## 文化拓展 Culture Insight

### Chopsticks

Chopsticks have a history of more than 3,000 years in China. It is not easy for foreigners to eat with chopsticks. Therefore, some Chinese restaurants abroad provide detailed instructions on how to use chopsticks on the paper bags they are put in. However, it is a mistake to think that every Chinese person can use chopsticks correctly. Someone has conducted a special survey on the Internet and found that one out of every six Chinese people use chopsticks in the wrong way. If you want to use chopsticks correctly, you should practice.

## 小结 Summary

### 词语 Words

朗读下列词语。**Read aloud the following words.**

| | | | |
|---|---|---|---|
| 准备 | 数字万用表 | 步 | 插口 |
| 红表笔 | 黑表笔 | 然后 | 挡位盘 |

### 语法 Grammar

朗读下列句子。**Read aloud the following sentences.**

1. 先准备红表笔、黑表笔，然后再插入插口。
2. 先摸静电释放球，然后再进车间。
3. DMM 准备好了。
4. 戴好安全帽。

### 课文理解 Text Comprehension

根据提示，复述课文的主要内容。**Retell the main content of the text according to the prompts.**

打开电源——准备红、黑表笔——准备插口——准备挡位盘——准备好了

# 第13课
## Lesson 13

Zhǔnbèi zhǐzhēn wànyòngbiǎo
## 准备指针万用表
### Preparing an Analog Multimeter

 **复习 Revision**

图文连线。**Match the pictures with the corresponding words.**

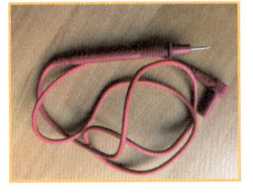

• 黑表笔 •

• 挡位盘 •

• 数字万用表 •

• 电源开关 •

• 红表笔 •

• 插口 •

# 热身 Warm-up

给词语选择对应的图片。**Choose the corresponding pictures for the words.**

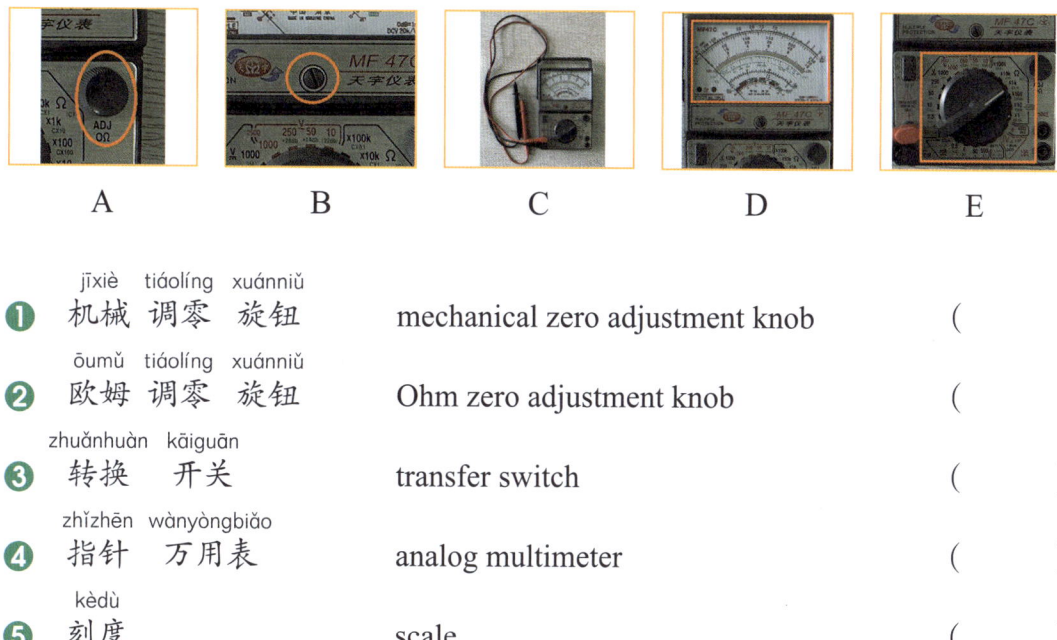

| A | B | C | D | E |

❶ <ruby>机械<rt>jīxiè</rt></ruby> <ruby>调零<rt>tiáolíng</rt></ruby> <ruby>旋钮<rt>xuánniǔ</rt></ruby>  mechanical zero adjustment knob  (　　)

❷ <ruby>欧姆<rt>ōumǔ</rt></ruby> <ruby>调零<rt>tiáolíng</rt></ruby> <ruby>旋钮<rt>xuánniǔ</rt></ruby>  Ohm zero adjustment knob  (　　)

❸ <ruby>转换<rt>zhuǎnhuàn</rt></ruby> <ruby>开关<rt>kāiguān</rt></ruby>  transfer switch  (　　)

❹ <ruby>指针<rt>zhǐzhēn</rt></ruby> <ruby>万用表<rt>wànyòngbiǎo</rt></ruby>  analog multimeter  (　　)

❺ <ruby>刻度<rt>kèdù</rt></ruby>  scale  (　　)

# 学习生词 Words and Expressions  13-01

| 1 | 指针 | zhǐzhēn | *n.* | pointer |
|---|---|---|---|---|
| 2 | 万用表 | wànyòngbiǎo | *n.* | multimeter |
| 3 | 机械调零 | jīxiè tiáolíng | *phr.* | mechanical zero adjustment |
| 4 | 螺丝刀 | luósīdāo | *n.* | screwdriver |

| 5 | 调整 | tiáozhěng | *v.* | to adjust |
| 6 | 刻度 | kèdù | *n.* | scale |
| 7 | 重合 | chónghé | *v.* | to coincide |
| 8 | 时 | shí | *n.* | (a point in) time |
| 9 | 结束 | jiéshù | *v.* | to finish |
| 10 | 欧姆 | ōumǔ | *m.* | ohm |
| 11 | 转换 | zhuǎnhuàn | *v.* | to transfer |
| 12 | 每 | měi | *pron.* | each, every |
| 13 | 次 | cì | *m.* | time |
| 14 | 量程 | liángchéng | *n.* | (measuring) range |
| 15 | 后 | hòu | *n.* | later time |

## 词语练习 Word Exercises

**1.** 给下面的词语选择对应的图片。**Choose the corresponding pictures for the following words.**

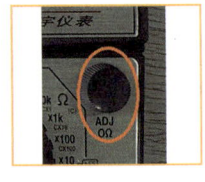   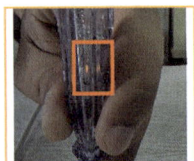

　　　　A　　　　　　　　B　　　　　　　　C　　　　　　　　D

❶ 指示灯_____　　❷ 欧姆调零旋钮_____

❸ 数字万用表_____　　❹ 转换开关_____

**2. 朗读词语搭配。Read aloud the word collocations.**

| ❶ 调零 | 机械调零 | ❷ 断开 | 断开红、黑表笔 |
|---|---|---|---|
| | 欧姆调零 | | 断开电源 |

## 学习课文 Text 🎧 13-02

Zhǔnbèi zhǐzhēn wànyòngbiǎo
### 准备 指针 万用表

Jīxiè tiáolíng.
**1.** 机械 调零。

Duànkāi hóng、 hēi biǎobǐ, yòng luósīdāo tiáozhěng jīxiè
断开 红、 黑 表笔，用 螺丝刀 调整 机械

tiáolíng xuánniǔ, zhǐzhēn hé 0 kèdù chónghé shí jiéshù.
调零 旋钮，指针 和 0 刻度 重合 时 结束。

Ōumǔ tiáolíng.
**2.** 欧姆 调零。

Bǎ zhuǎnhuàn kāiguān tiáozhěng dào ōumǔdǎng, liánjiē hóng、
把 转换 开关 调整 到 欧姆挡，连接 红、

hēi biǎobǐ, tiáozhěng ōumǔ tiáolíng xuánniǔ, zhǐzhēn hé 0 ōumǔ

黑 表笔，调整 欧姆 调零 旋钮，指针 和 0 欧姆

kèdù chónghé shí jiéshù. （Měi cì tiáozhěng diànzǔdǎng de liángchéng

刻度 重合 时 结束。（每次 调整 电阻挡 的 量程

hòu, dōu yào ōumǔ tiáolíng.)

后，都 要 欧姆 调零。）

Zhǔnbèi jiéshù.

3. 准备 结束。

## Preparing an Analog Multimeter

1. Mechanical zero adjustment.

Disconnect the red and black probes and adjust the mechanical zero adjustment knob with a screwdriver, until the pointer coincides with the zero scale.

2. Ohm zero adjustment

Adjust the transfer switch to ohms range, connect the red and black probes, adjust the ohm zero adjustment knob, and finish when the pointer coincides with the 0-ohm scale. (After each time adjusting the range of the resistance gear, ohm zero adjustment is required.)

3. Preparation finished.

**课文练习** Text Exercises

**1.** 根据课文选词填空。**Fill in the blanks with the appropriate words according to the text.**

1 指针万用表有_____根表笔。

    A. 两（liǎng，two）        B. 三

2 指针万用表有_____。

    A. 电源开关        B. 转换开关

3 欧姆调零要_____红、黑表笔。

    A. 连接        B. 断开

4 机械调零时要用_____。

    A. 螺丝刀        B. 镊子

**2.** 根据课文给下列句子排序。**Sort the following sentences according to the text.**

1 调整欧姆调零旋钮。

2 用螺丝刀调整机械调零旋钮。

3 断开红、黑表笔。

4 连接红、黑表笔。

_____

# 学习语法  Grammar

## 语法点 1　Grammar Point 1

**指示代词"每"  The Demonstrative Pronoun "每"**

"每"指全体中的任何个体，后面可加数量短语，数词是"一"的时候可省去。例如：

"每" refers to any individual in the whole, followed by a quantitative phrase. When the numeral is "一", it can be omitted. For example:

Měi cì tiáozhěng  diànzǔdǎng de liángchéng hòu,  dōu yào ōumǔ tiáolíng.
**1** 每次 调整 电阻挡 的 量程 后，都要 欧姆调零。

Wǒ měi tiān  dōu  qù shàngbān.
**2** 我 每 天 都 去 上班。

Měi gēn dǎoxiàn dōu yào juéyuán.
**3** 每 根 导线 都要 绝缘。

## 语法点 1 练习　Exercise on Grammar Point 1

选词填空。**Fill in the blanks with the appropriate words.**

**1** 机械调零不用_____次都有。　　　　　　每　一

**2** _____个车间都有干粉灭火器。　　　　每　一

**3** 我有_____根导线。　　　　　　　　　每　一

**4** 三人_____把电烙铁。　　　　　　　　每　一

**语法点 2** Grammar Point 2

---

名词"后" The Noun "后"

名词"后"表示现在或者所说的某个时间以后的时间。例如：

The noun "后" indicates some time after the present time or the time being mentioned. For example:

　Měi cì tiáozhěng diànzǔdǎng de liángchéng hòu,　dōu yào ōumǔ tiáolíng.
**1** 每次 调整 电阻挡 的 量程 后，都要 欧姆 调零。

　 Wùtǐ　yǒu diàn hòu　bù ānquán.
**2** 物体 有 电 后 不 安全。

　Zhǐzhēn wànyòngbiǎo zhǔnbèi hǎo hòu,　zài cèliáng.
**3** 指针 万用表 准备 好后，再 测量。

---

 **语法点 2 练习** Exercise on Grammar Point 2

用"……后"组句。Use "……后" to make sentences.

**1** 指针　万用表　准备　好　可以　测量

_____

**2** 调整　电阻挡　的　量程　要　欧姆　调零

_____

**3** 准备　红、黑表笔　再　插入　插口　好

_____

**4** 加工　引脚　安装　电阻

_____

# 汉字书写 Writing Chinese Characters

| dàn | 旦 旦 旦 旦 旦 |
| 旦 | 旦 旦 旦 旦 |

| jiù | 旧 旧 旧 旧 旧 |
| 旧 | 旧 旧 旧 旧 |

| zǎo | 早 早 早 早 早 早 |
| 早 | 早 早 早 早 |

| hàn | 旱 早 早 早 早 早 早 |
| 旱 | 旱 旱 旱 旱 |

# 职业拓展 Career Insight

## Safety Accidents

Safety accidents refer to incidents that occur suddenly in production and business activities (including activities related to production and business activities), causing harm to personal safety and health, damaging equipment and facilities, or resulting in economic losses. They may lead to the temporary suspension or permanent termination of the original production and business activities (including activities related to production and business activities). Safety incidents are generally classified into devastating accidents, major accidents, large accidents and ordinary accidents.

 小结  Summary

词语  Words

朗读下列词语。**Read aloud the following words.**

| | | | |
|---|---|---|---|
| 指针 | 万用表 | 调零 | 调整 |
| 时 | 结束 | 每 | 后 |

语法  Grammar

朗读下列句子。**Read aloud the following sentences.**

1 每次调整电阻挡的量程后，都要欧姆调零。

2 我每天去上班。

3 物体有电后不安全。

4 万用表准备好后，再测量。

课文理解  Text Comprehension

根据提示，复述课文的主要内容。**Retell the main content of the text according to the prompts.**

准备指针万用表——机械调零——欧姆调零——准备结束

第14课
Lesson 14

Cèliáng diànzǔzhí
# 测量电阻值
## Measuring the Value of Resistance

 复习 Revision

图文连线。Match the pictures with the corresponding words.

• 黑表笔 •

• 机械调零旋钮 •

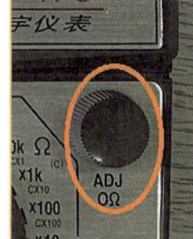

• 欧姆调零旋钮 •

• 刻度 •

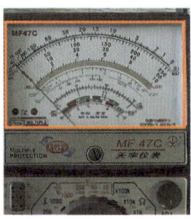

• 指针万用表 •

• 转换开关 •

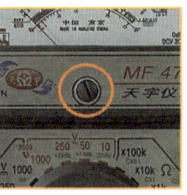

126

# 热身 Warm-up

选词填空。**Fill in the blanks with the appropriate words.**

| dānwèi | xiǎnshìpíng | cèliáng | liángchéng | liǎng duān |
|---|---|---|---|---|
| A.单位 | B.显示屏 | C.测量 | D.量程 | E.两端 |

**❶** （　　　）电阻值 <small>diànzǔzhí</small>　　　to measure resistance value

**❷** 选择（　　　） <small>xuǎnzé</small>　　　to choose range

**❸** 电阻的（　　　） <small>diànzǔ de</small>　　　the unit of resistance

**❹** 电阻的（　　　） <small>diànzǔ de</small>　　　each end of the resistor

**❺** DMM 的（　　　） <small>DMM de</small>　　　the display screen of DMM

# 学习生词 Words and Expressions  14-01

| 1 | 测量 | cèliáng | *v.* | to measure |
|---|---|---|---|---|
| 2 | 值 | zhí | *n.* | value |
| 3 | 选择 | xuǎnzé | *v.* | to select |
| 4 | 合适 | héshì | *adj.* | suitable, appropriate |
| 5 | 将 | jiāng | *prep.* | *used to introduce the object of an action* |

| 6 | 两 | liǎng | *num.* | two |
| 7 | 端 | duān | *n.* | end |
| 8 | 起来 | qǐlai | *v.* | *used after verbs to indicate the completion of an action* |
| 9 | 各 | gè | *pron.* | each, every, all |
| 10 | 单位 | dānwèi | *n.* | unit |
| 11 | 兆欧 | zhào'ōu | *m.* | 1MΩ=1000 kΩ |
| 12 | 如果 | rúguǒ | *conj.* | if, in case |
| 13 | 显示屏 | xiǎnshìpíng | *n.* | display screen |
| 14 | 读数 | dúshù | *n.* | reading |
| 15 | 那么 | nàme | *conj.* | so |

## 词语练习 Word Exercises

1. 给下面的词语选择对应的图片。Choose the corresponding pictures for the following words.

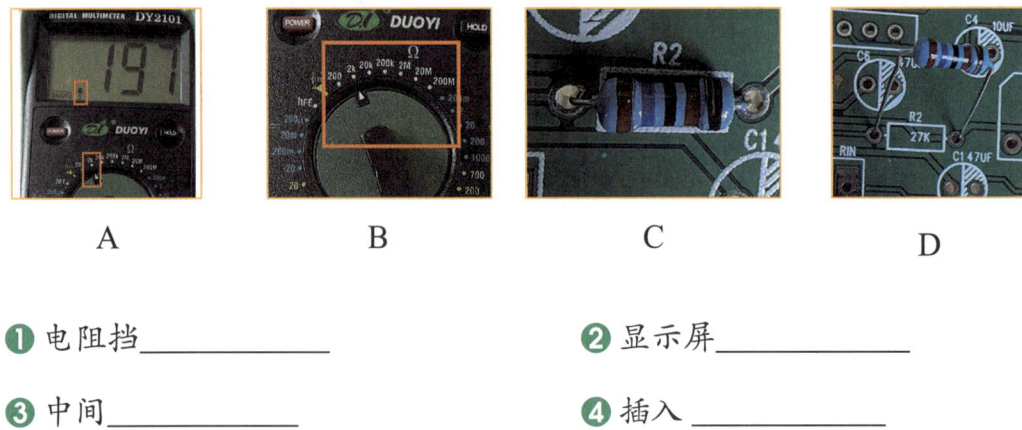

A　　　　　　B　　　　　　C　　　　　　D

❶ 电阻挡＿＿＿＿＿　　　　　❷ 显示屏＿＿＿＿＿

❸ 中间＿＿＿＿＿　　　　　　❹ 插入＿＿＿＿＿

**2. 朗读词语搭配。** Read aloud the word collocations.

| | | | | | |
|---|---|---|---|---|---|
| ❶ 选择 | 选择量程 | | ❷ 连接 | 连接引脚 | |
| | 选择电阻挡 | | | 连接电源 | |
| | 选择电阻 | | | | |

## 学习课文 Text 🎧 14-02

Cèliáng    diànzǔzhí
### 测量 电阻值

Zhǔnbèi DMM. Xuǎnzé héshì de diànzǔdǎng.
1. 准备 DMM。选择 合适 的 电阻挡。

Duànkāi diànyuán, jiāng hóng、hēi biǎobǐ hé diànzǔ liǎng duān
2. 断开 电源，将 红、黑 表笔 和 电阻 两端

de yǐnjiǎo liánjiē qilai.
的 引脚 连接 起来。

Gè diànzǔdǎng de dānwèi yǒu ōumǔ、qiān'ōu、zhào'ōu.
3. 各 电阻挡 的 单位 有 欧姆、千欧、兆欧。

Rúguǒ cèliáng xuǎnzé de dǎng shì 2k, xiǎnshìpíng shang
4. 如果 测量 选择 的 挡 是 2k，显示屏 上

de dúshù shì 0.197, nàme diànzǔzhí shì 0.197 kΩ.
的 读数 是 0.197，那么 电阻值 是 0.197 kΩ。

## Measuring the Value of Resistance

1. Prepare the DMM. Choose the appropriate resistance gear.

2. Disconnect the power supply, and connect the red and black probes to pins on both ends of the resistor.

3. The units of each resistance gear are Ω, kΩ and MΩ.

4. If the selected gear is 2k, and the display reads 0.197, the resistance value is 0.197 kΩ.

### 课文练习 Text Exercises

**1. 根据课文选词填空。Fill in the blanks with the appropriate words according to the text.**

❶ 用 DMM 测量电阻值时，要_____。

　　A. 连接电源　　　　　　　　B. 断开电源

❷ 挡位盘上有_____个电阻挡。

　　A. 三　　　　　　　　　　　B. 四

❸ DMM 准备好了，再_____电阻。

　　A. 焊接　　　　　　　　　　B. 测量

❹ 显示屏上的读数和单位是_____。

　　A. 电阻值　　　　　　　　　B. 电阻

**2. 根据课文给下列句子排序。Sort the following sentences according to the text.**

❶ 准备 DMM。

**2** 将红、黑表笔和电阻两端的引脚连接起来。

**3** 断开电源。

**4** 选择合适的电阻挡。

---

 ## 学习语法 Grammar

**语法点 1** **Grammar Point 1**

**趋向补语（2）：动词 + 起来  Directional Complement (2): Verb + 起来**

**表示通过动作使物体连接、结合以至固定。例如：**

It means to do an action to make something joined, combined or even fixed. For example:

**1** Jiāng hóng、hēi biǎobǐ hé diànzǔ liǎng duān de yǐnjiǎo liánjiē qilai.
将 红、黑表笔 和 电阻 两 端 的 引脚 连接 起来。

**2** Xiān bǎ diànyuán liánjiē qilai, ránhòu zài dǎkāi kāiguān.
先 把 电源 连接 起来，然后 再 打开 开关。

**3** Qǐng bǎ diànzǐ yuánqìjiàn hànjiē qilai.
请 把 电子 元器件 焊接 起来。

**语法点 1 练习** **Exercise on Grammar Point 1**

给 "起来" 选择合适的位置。Choose the appropriate positions for "起来".

**1** A 先把电源 B 连接 C，然后再打开开关 D。 （    ）

**2** A 请把 B 电子元器件 C 焊接 D。 （    ）

**3** A 请把 B 电阻 C 焊接 D。 （    ）

**4** 将 A 红、黑表笔和 B 电阻两端 C 的引脚连接 D。 （    ）

**语法点 2** **Grammar Point 2**

### 百以上的数字　Numbers Above 100

| | | | | | |
|---|---|---|---|---|---|
| 100 | 一百 | 130 | 一百三十 | 2001 | 两千零一 |
| 101 | 一百零一 | 900 | 九百 | 5300 | 五千三百 |
| 110 | 一百一十 | 1000 | 一千 | 6660 | 六千六百六十 |
| 120 | 一百二十 | 1001 | 一千零一 | 10000 | 一万 |
| 121 | 一百二十一 | 2000 | 两千 | 10001 | 一万零一 |

**例如**：For example:

"200" dǎng de dānwèi shì ōumǔ (Ω).

1 "200" 挡 的 单位 是 欧姆（Ω）。

"2k ~ 200K" dǎng de dānwèi shì qiān'ōu (kΩ)

2 "2k ~ 200K" 挡 的 单位 是 千欧（kΩ）。

"2M ~ 2000M" dǎng de dānwèi shì zhào'ōu (MΩ).

3 "2M ~ 2000M" 挡 的 单位 是 兆欧（MΩ）。

 **语法点 2 练习** **Exercise on Grammar Point 2**

读出下列百以上的数字。**Read the following numbers above 100.**

1 2600　　　2 3250　　　3 8765　　　4 9999

 ## 汉字书写 Writing Chinese Characters

nǚ

女　女　女　女　女

## 文化拓展 Culture Insight

### Chinese Tea Culture

Chinese people love drinking tea. Tea is both delicious and beneficial to our health. It can help people refresh themselves, defer aging, prevent diseases and even lose weight. There is a variety of Chinese tea, such as black tea, non-fermented green tea, half-fermented green tea and scented tea. People drink different kinds of tea in different seasons. Generally speaking, people drink scented tea in spring, non-fermented green tea in summer, half-fermented green tea in autumn, and black tea in winter.

If you have an opportunity to visit China some day, be sure to experience Chinese tea culture.

# 小结 Summary

## 词语 Words

朗读下列词语。**Read aloud the following words.**

| | | | |
|---|---|---|---|
| 选择 | 合适 | 将 | 端 |
| 起来 | 各 | 单位 | 读数 |

## 语法 Grammar

朗读下列句子。**Read aloud the following sentences.**

1. 将红、黑表笔和电阻两端的引脚连接起来。
2. 先把电源连接起来，然后再打开开关。
3. "200"挡的单位是欧姆（Ω）。
4. "2k ~ 200k"挡的单位是千欧（kΩ）。

## 课文理解 Text Comprehension

根据提示，复述课文的主要内容。**Retell the main content of the text according to the prompts.**

测量电阻值步骤：准备 DMM——选择合适的电阻挡（单位）——红、黑表笔连接电阻两端——读数——测量的电阻值

# 第15课
## Lesson 15

Jiǎncè　gùdìng　diànzǔ
# 检测固定电阻
## Testing the Fixed Resistor

 复习 Revision

图文连线。**Match the pictures with the corresponding words.**

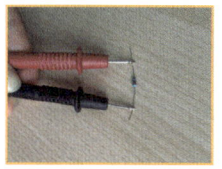

• 插口 •

• 显示屏 •

• 电阻挡 •

• 电阻 •

• 接触 •

• 测量 •

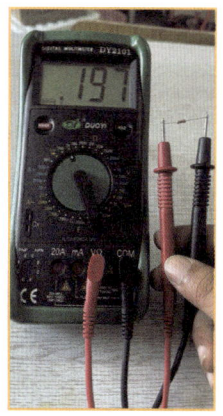

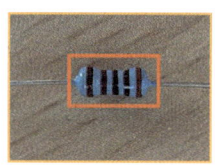

# 热身 Warm-up

**朗读词语。Read the words aloud.**

| | | | | | | |
|---|---|---|---|---|---|---|
| ① | jiǎncè<br>检测 | to detect | | ② | huài<br>坏 | bad |
| ③ | kěyǐ<br>可以 | can, may | | ④ | zhèyàng<br>这样 | so, such |
| ⑤ | bǐjiào<br>比较 | to compare | | ⑥ | zuìhòu<br>最后 | finally |

# 学习生词 Words and Expressions  15-01

| 1 | 固定电阻 | gùdìng diànzǔ | *phr.* | fixed resistor |
|---|---|---|---|---|
| 2 | 坏 | huài | *adj.* | bad |
| 3 | 这样 | zhèyàng | *pron.* | so, such, like this |
| 4 | 判断 | pànduàn | *v.* | to judge |
| 5 | 折断 | zhéduàn | *phr.* | to break |
| 6 | 烧焦 | shāojiāo | *phr.* | burnt |
| 7 | 比较 | bǐjiào | *v.* | to compare |
| 8 | 测量值 | cèliángzhí | *n.* | measured value |

| 9 | 与 | yǔ | *conj.* | and, (together) with |
|---|---|---|---|---|
| 10 | 标称值 | biāochēngzhí | *n.* | nominal value |
| 11 | 一致 | yízhì | *adj.* | consistent |
| 12 | 最后 | zuìhòu | *n.* | in the end, finally |
| 13 | 根据 | gēnjù | *prep.* | in accordance with |
| 14 | 结果 | jiéguǒ | *n.* | result, consequence |

## 词语练习 Word Exercises

**1.** 给下面的词语选择对应的图片。**Choose the corresponding pictures for the following words.**

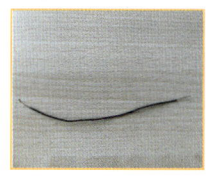

A    B    C    D

❶ 干粉灭火器＿＿＿＿＿＿＿　　❷ 导线＿＿＿＿＿＿＿

❸ 保险销＿＿＿＿＿＿＿　　❹ 焊接＿＿＿＿＿＿＿

**2.** 朗读词语搭配。**Read aloud the word collocations.**

| | | | |
|---|---|---|---|
| ❶ 是否 | 是否一致 | ❷ 检测 | 检测固定电阻 |
| | 是否折断 | | 检测结果 |
| | 是否烧焦 | | 检测是否有电 |

## 学习课文 Text 🎧 15-02

### 检测固定电阻
Jiǎncè gùdìng diànzǔ

Gùdìng diànzǔ de hǎohuài kěyǐ zhèyàng pànduàn:
固定 电阻 的 好坏 可以 这样 判断:

Kàn yǐnjiǎo shìfǒu zhéduàn.
1. 看 引脚 是否 折断。

Kàn diànzǔ shìfǒu shāojiāo.
2. 看 电阻 是否 烧焦。

Yòng shùzì wànyòngbiǎo cèliáng diànzǔzhí, bǐjiào cèliángzhí
3. 用 数字 万用表 测量 电阻值, 比较 测量值

yǔ biāochēngzhí shìfǒu yízhì.
与 标称值 是否 一致。

Zuìhòu gēnjù jiǎncè jiéguǒ, pànduàn diànzǔ de hǎohuài.
最后 根据 检测 结果, 判断 电阻 的 好坏。

---

**Testing the Fixed Resistor**

The quality of the fixed resistor can be judged in this way:

1. See if the pin breaks.

2. See if the resistor body is burnt.

3. Use a digital multimeter to measure the resistance value and compare whether the measured value is consistent with the nominal value.

Finally, make a judgment according to the test results.

## 课文练习 Text Exercises

**1. 根据课文选词填空。Fill in the blanks with the appropriate words according to the text.**

1 测量电阻值前，要准备_____。

A. 数字万用表　　　　　　　B. 显示屏

2 引脚折断，可以判断电阻是_____的。

A. 好　　　　　　　　　　　B. 坏

3 电阻烧焦了，可以判断电阻是_____的。

A. 好　　　　　　　　　　　B. 坏

4 测量值和标称值一致，可以判断电阻是_____的。

A. 好　　　　　　　　　　　B. 坏

**2. 根据课文给下列句子排序。Sort the following sentences according to the text.**

1 比较测量值与标称值。

2 最后根据检测结果，判断电阻的好坏。

3 测量电阻值。

4 准备数字万用表。

## 学习语法  Grammar

### 语法点1　Grammar Point 1

**副词"是否"　The Adverb "是否"**

意思是"是不是"，一般用于书面语。例如：

The adverb "是否" means "whether or not", usually used in written Chinese. For example:

Kàn yǐnjiǎo shìfǒu zhéduàn.
**1** 看 引脚 是否 折断。

Kàn diànzǔ shìfǒu shāojiāo.
**2** 看 电阻 是否 烧焦。

Bǐjiào cèliángzhí yǔ biāochēngzhí shìfǒu yízhì.
**3** 比较 测量值 与 标称值 是否 一致。

### 语法点1练习　Exercise on Grammar Point 1

选词填空。**Fill in the blanks with the appropriate words.**

**1** 看电阻_____烧焦。　　　　　　　　是否　是

**2** 电阻_____烧焦的。　　　　　　　　是否　是

**3** 看烙铁头_____能熔化焊锡。　　　　是否　是

**4** 测量值与标称值_____一致的。　　　是否　是

**语法点 2** **Grammar Point 2**

**介词 "根据"** **The Preposition "根据"**

**引出凭借或依据，表示以某种事物或行为为前提或基础。例如：**

It introduces the basis or foundation, indicating that something or an action serves as the premise or foundation. For example:

1　Gēnjù jiǎncè jiéguǒ, zuìhòu pànduàn hǎohuài.
　根据 检测 结果，最后 判断 好坏。

2　Gēnjù diànzǔzhí, xuǎnzé héshì de liángchéng.
　根据 电阻值，选择 合适 的 量程。

3　Gēnjù "ānquán chūkǒu" biāozhì de zhǐyǐn, líkāi chējiān.
　根据 "安全 出口" 标志 的 指引，离开 车间。

 **语法点 2 练习** **Exercise on Grammar Point 2**

给 "根据" 选择合适的位置。**Choose the appropriate positions for "根据".**

1　A 检测 B 结果，最后 C 判断 D 好坏。　　　　　　（　　）

2　A 万用表的 B 测量值与标称值 C 是否一致，D 判断电阻的好坏。

　　　　　　　　　　　　　　　　　　　　　　　　（　　）

3　工人 A 要 B 工艺卡片 C 加工 D 设备。　　　　　　（　　）

4　A 电阻 B 值，C 选择 D 合适的量程。　　　　　　　（　　）

## 汉字书写 Writing Chinese Characters

| mù | 木 木 木 木 |
|---|---|
| **木** | 木 木 木 木 |

| běn | 本 本 本 本 本 |
|---|---|
| **本** | 本 本 本 本 |

| lín | 林 林 林 林 林 林 林 林 |
|---|---|
| **林** | 林 林 林 林 |

| sēn | 森 森 森 森 森 森 森 森 森 森 森 森 |
|---|---|
| **森** | 森 森 森 森 |

## 职业拓展 Career Insight

### Information Management

Informatization refers to the historical process of cultivating and developing new productive forces, represented by computer-oriented intelligent tools, to benefit the society.

Information management refers to the process of driving industrialization through information technology and realizing the modernization of enterprise management. It involves the integration of modern information technology and advanced management concepts to transform the production mode, operation mode, business process, traditional management mode and organization mode of enterprises.

# 小结 Summary

 **词语 Words**

朗读下列词语。**Read aloud the following words.**

| | | | |
|---|---|---|---|
| 固定电阻 | 测量值 | 这样 | 判断 |
| 比较 | 标称值 | 最后 | 根据 |

**语法 Grammar**

朗读下列句子。**Read aloud the following sentences.**

1 看引脚是否折断。

2 看电阻是否烧焦。

3 根据检测结果，最后判断电阻的好坏。

4 根据电阻值，选择合适的量程。

**课文理解 Text Comprehension**

根据提示，复述课文的主要内容。**Retell the main content of the text according to the prompts.**

检测固定电阻的步骤：引脚是否折断——电阻是否烧焦——比较测量值与标称值是否一致

 复习 Revision

图文连线。**Match the pictures with the corresponding words.**

• 电容插口 •

• 引脚 •

• 电阻 •

• 挡位盘 •

• 电阻挡 •

• 测量 •

144

## 热身 Warm-up

朗读词语。 **Read the words aloud.**

<table>
<tr><td>❶</td><td>diànwèiqì<br>电位器</td><td>potentiometer</td><td>❷</td><td>dú<br>读</td><td>to read</td></tr>
<tr><td>❸</td><td>fēnbié<br>分别</td><td>respectively</td><td>❹</td><td>yàoshi<br>要是</td><td>if, in case</td></tr>
<tr><td>❺</td><td>jiù<br>就</td><td>as soon as</td><td>❻</td><td>biànhuà<br>变化</td><td>to change</td></tr>
</table>

## 学习生词 Words and Expressions  16-01

| 1 | 电位器 | diànwèiqì | *n.* | potentiometer |
|---|---|---|---|---|
| 2 | 读 | dú | *v.* | to read |
| 3 | 分别 | fēnbié | *adv.* | respectively |
| 4 | 固定端 | gùdìngduān | *n.* | fixed end |
| 5 | 活动端 | huódòngduān | *n.* | movable end |
| 6 | 转动 | zhuàndòng | *v.* | to turn |
| 7 | 平稳 | píngwěn | *adj.* | smooth, steady |
| 8 | 变化 | biànhuà | *v.* | to change |

| 9 | 要是 | yàoshi | *conj.* | if, in case |
|---|---|---|---|---|
| 10 | 断续 | duànxù | *adj.* | interrupted, intermittent |
| 11 | 跳跃 | tiàoyuè | *v.* | to jump |
| 12 | 就 | jiù | *adv.* | used to indicate that sth. comes naturally under certain conditions/circumstances |

## 词语练习　Word Exercises

**1.** 给下面的词语选择对应的图片。**Choose the corresponding pictures for the following words.**

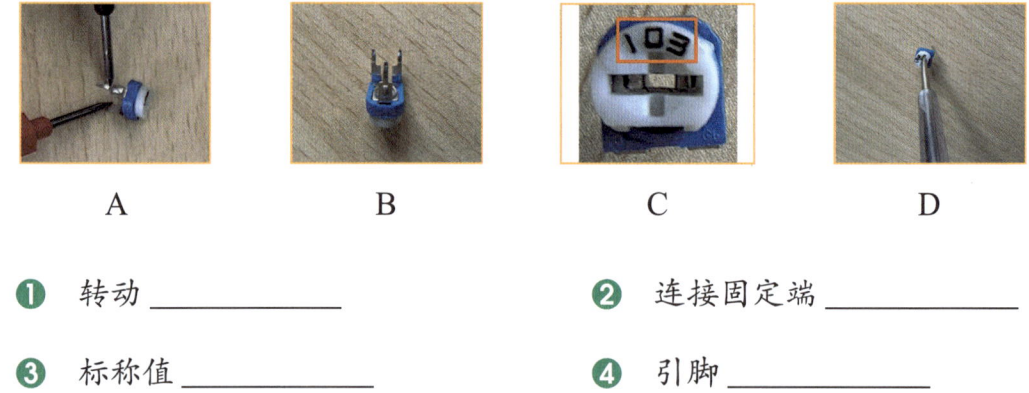

A　　　　　　　　B　　　　　　　　C　　　　　　　　D

❶ 转动 ＿＿＿＿＿＿＿　　　　❷ 连接固定端 ＿＿＿＿＿＿＿

❸ 标称值 ＿＿＿＿＿＿＿　　　❹ 引脚 ＿＿＿＿＿＿＿

**2.** 朗读词语搭配。**Read aloud the word collocations.**

| ❶ 分别 | 分别连接 | ❷ 变化 | 平稳地变化 |
|---|---|---|---|
| | 分别接触 | | 断续地变化 |
| | 分别检测 | | 跳跃地变化 |

 学习课文 **Text** 🎧 16-02

Jiǎncè　diànwèiqì
## 检测 电位器

Zài　diànwèiqì shang dúchū　biāochēngzhí.
在 电位器 上 读出 标称值。

Yòng zhǐzhēn　wànyòngbiǎo de　hóng、　hēi　biǎobǐ　fēnbié　liánjiē
用 指针 万用表 的 红、黑 表笔 分别 连接

liǎng gè gùdìngduān,　　dúchū　　cèliángzhí.
两 个 固定端，读出 测量值。

Hóng、　hēi　biǎobǐ　fēnbié　liánjiē　gùdìngduān　hé　huódòngduān.
红、黑 表笔 分别 连接 固定端 和 活动端。

Yòng　luósīdāo　huǎnhuǎn zhuàndòng diànwèiqì.
用 螺丝刀 缓缓 转动 电位器。

Rúguǒ　diànzǔzhí　píngwěn de biànhuà,　　nàme,　　kěyǐ　pànduàn
如果电阻值平稳地变化，那么，可以判断

diànwèiqì　shì hǎo de.
电位器 是好的。

Yàoshi　diànzǔzhí　yǒu duànxù huò tiàoyuè,　　jiù　　kěyǐ　pànduàn
要是电阻值有断续或跳跃，就可以判断

diànwèiqì　bù hǎo.
电位器不好。

## Testing the Potentiometer

Read the nominal value on the potentiometer.

Connect the red and black probes of an analog multimeter to the two fixed ends and read the measured value.

Connect the red and black probes to the fixed end and the movable end respectively. Use a screwdriver to turn the potentiometer slowly.

If the resistance value changes smoothly, we can determine that the potentiometer is good.

If the resistence value is intermittent or jumps, it indicates that the potentiometer is bad.

## 课文练习 Text Exercises

**1. 根据课文选词填空。Fill in the blanks with the appropriate words according to the text.**

1 标称值 103 表示电阻值是＿＿＿＿。

   A. $103\,\Omega$　　　　　　　　　B. $10 \times 10^{3}\,\Omega$

2 指针不是平稳地变化，判断电位器＿＿＿＿。

   A. 好　　　　　　　　　B. 不好

3 连接两个固定端，测量出＿＿＿＿。

   A. 标称值　　　　　　　　　B. 测量值

4 电位器上可以读出＿＿＿＿。

   A. 标称值　　　　　　　　　B. 测量值

**2.** 根据课文给下列句子排序。**Sort the following sentences according to the text.**

1️⃣ 电阻值有断续或跳跃。

2️⃣ 判断电位器不好。

3️⃣ 用螺丝刀缓缓转动电位器。

4️⃣ 红、黑表笔分别连接固定端和活动端。

_____

 ## 学习语法 Grammar

 **语法点 1　Grammar Point 1**

**结构助词"地"　The Structural Particle "地"**

**"地"用在状语后，是状语的标志。例如：**

"地" is used after an adverbial and is a marker of adverbial. For example:

1️⃣ Diànzǔzhí píngwěn de biànhuà.
电阻值 平稳 地 变化。

2️⃣ Yàoshi diànzǔzhí duànxù de biànhuà, jiù kěyǐ pànduàn diànwèiqì bù hǎo.
要是 电阻值 断续 地 变化，就 可以 判断 电位器 不 好。

3️⃣ Jiāzhù dǎoxiàn huǎnhuǎn de yònglì, bōluò juéyuánpí.
夹住 导线 缓缓 地 用力（forcefully），剥落 绝缘皮。

**语法点 1 练习　Exercise on Grammar Point 1**

**选词填空。Fill in the blanks with the appropriate words.**

1️⃣ 夹住导线缓缓_____用力，剥落绝缘皮。　　　的　地

2️⃣ 电阻值平稳_____变化，可以判断电位器是好的。　　的　地

③ 电压平稳_____变化。　　　　　　　　　　　的　地

④ 要是电阻值断续_____变化，就可以判断电位器不好。　的　地

## 语法点 2　Grammar Point 2

**假设复句 "要是……就……"**

**Hypothetical Compound Sentences "要是……就……"**

"要是……就……" 连接两个分句，表示在假设情况下产生某种结果。例如：

"要是……就……" connects two clauses, indicating a certain result under a hypothetical condition. For example:

Yàoshi yǒu duànxù huò tiàoyuè,　jiù　kěyǐ pànduàn diànwèiqì bù hǎo.
① 要是 有 断续 或 跳跃，就 可以 判断 电位器 不好。

Diànzǔzhí yàoshi píngwěn de biànhuà,　jiù　kěyǐ pànduàn diànwèiqì shì hǎo de.
② 电阻值 要是 平稳地 变化，就 可以 判断 电位器 是 好的。

Yàoshi zhǐzhēn hé líng kèdù chónghé, jiù jiéshù jīxiè tiáolíng.
③ 要是 指针 和 零 刻度 重合，就 结束 机械 调零。

## 语法点 2 练习　Exercise on Grammar Point 2

用 "要是……，就……" 组句。Use "要是……，就……" to make sentences.

① 测量值与标称值不一致　　可以判断电位器是坏的

_____

② 电烙铁的导线破了　　需要绝缘

_____

③ 电阻值平稳地变化　　可以判断电位器是好的

_____

④ 有电气火苗　　不要用水和泡沫灭火器

_____

# 汉字书写 Writing Chinese Characters

huǒ 火 火 火 火
火 | 火 | 火 | 火 | 火

miè 灭 灭 灭 灭 灭
灭 | 灭 | 灭 | 灭 | 灭

yán 炎 炎 炎 炎 炎 炎 炎 炎
炎 | 炎 | 炎 | 炎 | 炎

yàn 焱 焱 焱 焱 焱 焱 焱 焱 焱 焱 焱 焱
焱 | 焱 | 焱 | 焱 | 焱

# 文化拓展 Culture Insight

### China's High-Speed Railway

China's high-speed railway is an important type of transportation infrastructure in contemporary China. It is a dedicated passenger railway with a design speed of more than 350 kilometers per hour and an initial operating speed of more than 200 kilometers per hour. China's high-speed railway network consists of all the new lines with a design speed of more than 250 kilometers per hour and some existing lines with a design speed of more than 200 kilometers per hour after renovation. By September, 2024, the length of China's high-speed railways in operation has exceeded 46,000 km.

## 小结　Summary

### 词语　Words

朗读下列词语。Read aloud the following words.

| | | | |
|---|---|---|---|
| 电位器 | 分别 | 转动 | 要是 |
| 断续 | 跳跃 | 就 | 读 |

### 语法　Grammar

朗读下列句子。Read aloud the following sentences.

1 电阻值平稳地变化。

2 夹住导线缓缓地用力，剥落绝缘皮。

3 要是有断续或跳跃，就可以判断电位器不好。

4 要是指针和零刻度重合，就结束机械调零。

## 课文理解 Text Comprehension

根据提示，复述课文的主要内容。**Retell the main content of the text according to the prompts.**

检测电位器的步骤：读出标称值——测量出测量值——比较测量值与标称值是否一致——缓缓转动电位器，看电阻值是否平稳地变化——判断电位器的好坏

第17课 Lesson 17

Cèliáng cípiàn diànróng de róngliàng
# 测量瓷片电容的容量
## Measuring the Capacity of a Ceramic Capacitor

 复习 **Revision**

图文连线。**Match the pictures with the corresponding words.**

• 电位器 •

• 固定端 •

• 活动端 •

• 引脚 •

• 标称值 •

• 测量 •

## 热身 Warm-up

朗读词语。**Read the words aloud.**

**❶** biāochēng róngzhí
标称 容值　nominal capacity value

**❷** pífǎ
皮法　　　picofarad

**❸** nàfǎ
纳法　　　nanofarad

**❹** cípiàn diànróng
瓷片 电容　ceramic capacitor

**❺** róngliàng
容量　　　capacity

**❻** yīnwèi
因为　　　because

## 学习生词 Words and Expressions 🎧 17-01

| | | | | |
|---|---|---|---|---|
| 1 | 瓷片电容 | cípiàn diànróng | *phr.* | ceramic capacitor |
| 2 | 容量 | róngliàng | *n.* | capacity |
| 3 | 标称容值 | biāochēng róngzhí | *phr.* | nominal capacity value |
| 4 | 皮法 | pífǎ | *m.* | picofarad ( *pF* ) |
| 5 | 即 | jí | | i.e. |
| 6 | 纳法 | nàfǎ | *m.* | nanofarad ( *nF* ) |
| 7 | 所以 | suǒyǐ | *conj.* | so, therefore |
| 8 | 为 | wéi | *v.* | to be |

| 9 | 因为 | yīnwèi | *conj.* | because, since |
|---|---|---|---|---|
| 10 | 给 | gěi | *prep.* | to, for |
| 11 | 加 | jiā | *v.* | to add |
| 12 | 它 | tā | *pron.* | it |

## 词语练习　Word Exercises

**1.** 给下面的词语选择对应的图片。**Choose the corresponding pictures for the following words.**

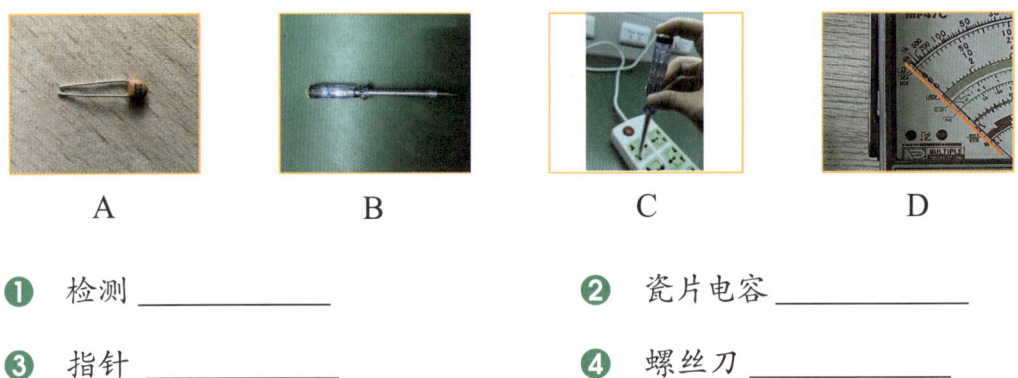

A    B    C    D

❶ 检测 ＿＿＿＿＿＿＿　　　❷ 瓷片电容 ＿＿＿＿＿＿＿

❸ 指针 ＿＿＿＿＿＿＿　　　❹ 螺丝刀 ＿＿＿＿＿＿＿

**2.** 朗读词语搭配。**Read aloud the word collocations.**

| ❶ 测量 | 测量容量 | ❷ 选择 | 选择量程 |
|---|---|---|---|
| | 测量电阻值 | | 选择电容 |
| | 测量值 | | 选择单位 |

## 学习课文 Text 🎧 17-02

Cèliáng  cípiàn  diànróng  de  róngliàng
### 测量 瓷片 电容 的 容量

Dǎkāi    shùzì   wànyòngbiǎo  de  diànyuán kāiguān.
打开 数字 万用表 的 电源 开关 。

Bǎ diànróng de liǎng gè   yǐnjiǎo   chārù diànróng chākǒu.
把 电容 的 两个 引脚 插入 电容 插口 。

103    cípiàn diànróng biāochēng róngzhí shì    $10 \times 10^3 \, pF$     (pífǎ).
103 瓷片电容 标称 容值是 $10 \times 10^3 \, pF$（皮法），

jí    $10 \, nF$    (nàfǎ).   Suǒyǐ,   xuǎnzé    $20 \, nF$    wéi liángchéng
即 $10 \, nF$（纳法）。所以，选择 $20 \, nF$ 为 量程

(dānwèi shì $nF$).
（单位是 $nF$）。

Yīnwèi  xiǎnshìpíng shang de   dúshù  shì 9.73,   gěi 9.73
因为 显示屏 上 的 读数 是 9.73，给 9.73

jiāshang dānwèi   ($nF$)   suǒyǐ tā de cèliángzhí shì  9.73 $nF$.
加上 单位（$nF$），所以它的 测量值 是 9.73 $nF$。

---

### Measuring the Capacity of a Ceramic Capacitor

Turn on the power switch of the digital multimeter.

Insert the two pins of the capacitor into the capacitor jack.

The nominal capacity value of the 103 Ceramic Capacitor is $10 \times 10^3 \, pF$, i.e.

10$nF$. Therefore, we choose 20$nF$ as the measuring range ($nF$ is the unit.).

Since the reading on the display is 9.73, we add the unit ($nF$) to 9.73, so its measured value is 9.73 $nF$.

## 课文练习 Text Exercises

**1. 根据课文选词填空。Fill in the blanks with the appropriate words according to the text.**

1. 标称容值 103 表示容量是＿＿＿＿＿。

   A. 103 $F$                          B. $10 \times 10^3 \, pF$

2. 容量的测量值是显示屏上的读数，加上＿＿＿＿＿。

   A. 标称容值                          B. 单位

3. 测量 103 瓷片电容，选择＿＿＿＿＿为量程。

   A. 20 $nF$                          B. 2 $nF$

4. 量程为 2 $\mu F$，测量值的单位是＿＿＿＿＿。

   A. F                                B. $\mu F$

**2. 根据课文给下列句子排序。Sort the following sentences according to the text.**

1. 选择量程。

2. 把电容的两个引脚插入电容插口。

3. 读数。

4. 读出标称容值。

_____

## 学习语法 Grammar

 **语法点 1** Grammar Point 1

因果复句 "因为……，所以……"
Causal Compound Sentences "因为……，所以……"

"因为……，所以……" 用于连接两个表示因果关系的分句，前一分句表示原因，后一分句表示结果。使用时可以成对出现，也可以省略其中一个。例如：
"因为……，所以……" is used to connect two clauses in a causative relation, with the first clause being the cause and the second being the effect. One can use both or either of them in a sentence. For example:

**1** Yīnwèi dúshù shì 9.73, dānwèi shì nF, suǒyǐ cèliángzhí shì 9.73 nF.
因为 读数 是 9.73，单位 是 nF，所以 测量值 是 9.73 nF。

**2** Yīnwèi diànzǔtǐ shāojiāo le, suǒyǐ gùdìng diànzǔ shì huài de.
因为 电阻体 烧焦 了，所以 固定 电阻 是 坏 的。

**3** Yīnwèi shì diànqì huǒmiáo, suǒyǐ bù néng yòng shuǐ pūmiè.
因为 是 电气 火苗，所以 不 能 用 水 扑灭。

 **语法点 1 练习** Exercise on Grammar Point 1

用 "因为" 和 "所以" 填空。**Fill in the blanks with "因为" and "所以".**

**1** _____ 要用 DMM 测量电阻，_____ 要打开电源开关。

**2** _____ 车间要防静电，_____ 工人要穿防静电服。

**3** _____ 电笔能指示物体是否有电，_____ 要检测它的好坏。

**4** _____ 电阻值有跳跃，_____ 可以判断电位器接触不好。

**语法点 2** Grammar Point 2

---

**介词"给" The Preposition "给"**

**引进动作行为的对象或受益者。例如：**

The preposition "给" introduces the object or beneficiary of an action. For example:

- - - - - - - - - - - - - - - - - - - - - - - - - - - - - - - -

①　Gěi 9.73 jiāshang dānwèi（nF）, cèliángzhí jiù shì 9.37 nF.
　　给 9.73 加上 单位（nF），测量值 就 是 9.37 nF。

②　Qiáozhì gěi xiànlùbǎn hànjiēle yí gè diànróng.
　　乔治 给 线路板 焊接了 一 个 电容。

③　Wáng Tiān gěi Qiáozhì zhǔnbèi hǎo shùzì wànyòngbiǎo le.
　　王 天 给 乔治 准备 好 数字 万用表 了。

---

**语法点 2 练习** Exercise on Grammar Point 2

连词成句。**Make sentences with the words.**

**1** ①我　②电源　③给　④加上　⑤线路板　⑥了

_____

**2** ①我　②请　③给　④指针万用表　⑤准备

_____

**3** ①给　②电阻值　③请　④合适的　⑤选择　⑥单位

_____

**4** ①绝缘　②用　③导线　④电工胶带　⑤给

_____

# 汉字书写 Writing Chinese Characters

tǔ
土 土 土
土 | 土 | 土 | 土 | 土

guī
圭 圭 圭 圭 圭 圭
圭 | 圭 | 圭 | 圭 | 圭

yáo
垚 垚 垚 垚 垚 垚 垚 垚 垚
垚 | 垚 | 垚 | 垚 | 垚

chén
尘 尘 尘 尘 尘 尘
尘 | 尘 | 尘 | 尘

# 职业拓展 Career Insight

**Emergency Management**

Emergency management refers to the actions taken by the government and other public institutions during the prevention, response, handling and recovery of emergencies. This process includes the establishment of necessary response mechanisms, the implementation of necessary measures, the application of science, technology, planning and management and other means to protect public life, health and property safety. It also encompasses activities related to promoting the harmonious and healthy development of society.

Accident emergency management includes four stages: prevention, preparation, response and recovery. Although these phases often overlap in practice, each of them has its own objective and forms part of the next phase.

## 小结 Summary

### 词语 Words

**朗读下列词语。Read aloud the following words.**

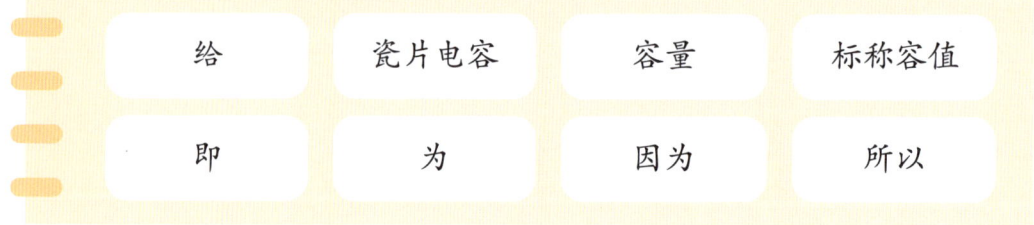

| 给 | 瓷片电容 | 容量 | 标称容值 |
|---|---|---|---|
| 即 | 为 | 因为 | 所以 |

### 语法 Grammar

**朗读下列句子。Read aloud the following sentences.**

1 因为读数是 9.73，单位是 $nF$，所以测量值是 9.73 $nF$。

2 因为电阻体烧焦了，所以固定电阻器是坏的。

3 给 9.73 加上单位（$nF$），测量值就是 9.37$nF$。

4 乔治给线路板焊接了一个电容。

## 课文理解 Text Comprehension

根据提示，复述课文的主要内容。**Retell the main content of the text according to the prompts.**

测量瓷片电容容量的步骤：电容两个引脚插入插口——电容的标称容值——选择量程——读数，加上单位——得到容量的测量值

# 第18课 Lesson 18

Cèliáng diànjiě diànróng de róngliàng

## 测量电解电容的容量

## Measuring the Capacity of an Electrolytic Capacitor

 复习 Revision

图文连线。**Match the pictures with the corresponding words.**

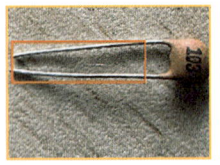

• 瓷片电容 •

• 引脚 •

• 量程 •

• 电容插口 •

• 显示屏 •

• 标称容值 •

## 热身 Warm-up

朗读词语。**Read the words aloud.**

<table>
<tr><td>❶</td><td>diànjiě diànróng<br>电解 电容</td><td>electrolytic capacitor</td><td>❷</td><td>zhèng、 fù jíxìng<br>正、负 极性</td><td>positive and<br>negative polarity</td></tr>
<tr><td>❸</td><td>wēifǎ<br>微法</td><td>microfarad (μF)</td><td>❹</td><td>diǎn<br>点</td><td>point, aspect</td></tr>
<tr><td>❺</td><td>yíyàng<br>一样</td><td>same</td><td>❻</td><td>cóng<br>从</td><td>from</td></tr>
</table>

## 学习生词 Words and Expressions  18-01

| 1 | 电解电容 | diànjiě diànróng | *phr.* | electrolytic capacitor |
|---|---|---|---|---|
| 2 | 正 | zhèng | *adj.* | positive |
| 3 | 负 | fù | *adj.* | negative |
| 4 | 极性 | jíxìng | *n.* | polarity |
| 5 | 但是 | dànshì | *conj.* | but, however |
| 6 | 不用 | búyòng | *adv.* | not necessary |
| 7 | 区分 | qūfēn | *v.* | to differentiate, to distinguish |

| 8 | 过程 | guòchéng | *n.* | process |
| 9 | 跟 | gēn | *prep.* | as |
| 10 | 一样 | yíyàng | *adj.* | same |
| 11 | 点 | diǎn | *n.* | point |
| 12 | 不同 | bù tóng | *phr.* | difference |
| 13 | 从 | cóng | *prep.* | from |
| 14 | 直接 | zhíjiē | *adj.* | direct |
| 15 | 右 | yòu | *n.* | right |
| 16 | 图 | tú | *n.* | picture |
| 17 | 微法 | wēifǎ | *m.* | microfarad (*μF*) |

### 词语练习 Word Exercises

1. 给下面的词语选择对应的图片。**Choose the corresponding pictures for the following words.**

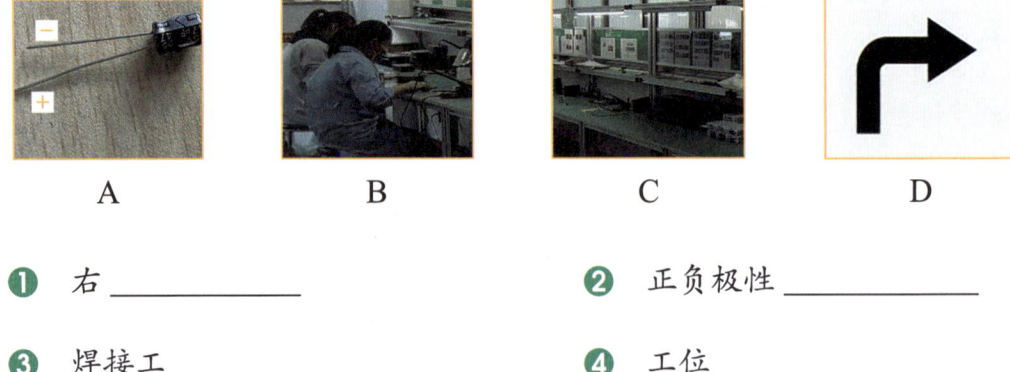

A　　　　　　　B　　　　　　　C　　　　　　　D

❶ 右 _____　　　❷ 正负极性 _____

❸ 焊接工 _____　　　❹ 工位 _____

**2. 朗读词语搭配。Read aloud the word collocations.**

| | | | | | |
|---|---|---|---|---|---|
| ❶ | 极性 | 正极性 | ❷ | 电容 | 电解电容 |
| | | 负极性 | | | 瓷片电容 |
| | | 区分极性 | | | 电容容量 |

## 学习课文 Text 🎧 18-02

Cèliáng diànjiě diànróng de róngliàng
**测量 电解 电容 的 容量**

Diànjiě diànróng de yǐnjiǎo yǒu zhèng、fù
电解 电容 的 引脚 有 正、负

jíxìng. Dànshì, yòng DMM cèliáng róngliàng
极性。但是，用 DMM 测量 容量

shí, búyòng qūfēn. Cèliáng guòchéng gēn cèliáng
时，不用 区分。测量 过程 跟 测量

cípiàn diànróng de róngliàng yíyàng.
瓷片 电容 的 容量 一样。

Yǒu yì diǎn bù tóng, jí kěyǐ cóng diànróng
有 一点 不同，即 可以 从 电容

shang zhíjiē dúchū biāochēngzhí. Yòu tú diànróng
上 直接 读出 标称值。右图 电容

**167**

de biāochēngzhí shì 47 μF (wēifǎ), liángchéng xuǎnzé 200 μF.
的 标称值 是 47 μF（微法），量程 选择 200 μF。

Suǒyǐ, cèliáng jiéguǒ shì 37.9 μF.
所以，测量 结果 是 37.9 μF。

## Measuring the Capacity of an Electrolytic Capacitor

The two pins of the electrolytic capacitor are the positive and negative polarity respectively. However, when measuring the capacity with DMM, it is not necessary to distinguish the polarity. The measuring process is the same as measuring the capacity of the ceramic capacitor.

One difference is that the nominal capacity can be read directly from the body of the capacitor. The nominal value of the capacitor on the right picture is $47\mu F$ and the needed range is $200\mu F$.

So, the measured value is $37.9\mu F$.

### 课文练习 Text Exercises

**1. 根据课文选词填空。Fill in the blanks with the appropriate words according to the text.**

❶ μF 是_____的单位。

A. 电阻　　　　　　　　B. 电容

❷ 电解电容的引脚_____正、负极性。

A. 有　　　　　　　　　B. 无（wú, not to have）

**3** 长引脚是电解电容的_____极。

    A. 正　　　　　　　　　　B. 负

**4** 用 DMM 测量容量，_____正、负极性。

    A. 不区分　　　　　　　　B. 区分

**2.** 根据课文给下列句子排序。**Sort the following sentences according to the text.**

**1** 把电容的引脚插入电容插口。　　**2** 读出标称容值。

**3** 读数。　　**4** 选择量程。

_____

# 学习语法 Grammar

**语法点1** **Grammar Point 1**

**连词"但是"** **The Conjunction "但是"**

**表示转折，引出同上文相对立的意思，或限制、补充上文的意思。例如：**

It indicates a transition, introducing a meaning that contrasts with the preceding part of the text or restricts/supplements it. For example:

**1** Diànjiě diànróng de yǐnjiǎo yǒu zhèng、fù jíxìng. Dànshì, yòng DMM cèliáng róngliàng
电解 电容 的 引脚 有 正、负极性。但是，用 DMM 测量 容量
shí, búyòng qūfēn.
时，不用 区分。

**2** Pūmiè diànqì huǒmiáo kěyǐ yòng èryǎng huàtàn mièhuǒqì, dànshì bù néng yòng shuǐ.
扑灭 电气 火苗 可以 用 二氧 化碳 灭火器，但是 不能 用 水。

**3** Qiáozhì yào yòng zhè bǎ diànlàotie, dànshì dǎoxiàn huài le.
乔治 要 用 这 把 电烙铁，但是 导线 坏了。

**语法点 1 练习**　**Exercise on Grammar Point 1**

给"但是"选择合适的位置。Choose the appropriate positions for "但是".

1️⃣ 破的导线 A 不能用，B 用 C 电工胶带绝缘后 D 可以用。　　　（　　）

2️⃣ 干粉灭火器 A 可以 B 扑灭电气火苗，C 水不能 D。　　　（　　）

3️⃣ A 电解电容 B 的引脚有正、负极性，C 用 DMM 测量
容量时不用 D 区分。　　　（　　）

4️⃣ 用指针万用表 A 可以 B 测量电阻，C 用 DMM 测量
D 读数准。　　　（　　）

**语法点 2**　**Grammar Point 2**

**比较句（1）：A 跟 B 一样　Comparative Sentences (1): A 跟 B 一样**

**汉语用"A 跟 B 一样"表示两种事物或两种情况没有差别。例如：**
"A 跟 B 一样" is used in Chinese to indicate that there is no difference between two things or two situations. For example:

1️⃣ Cèliáng guòchéng gēn cèliáng cípiàn diànróng róngliàng （de guòchéng） yíyàng.
测量 过程 跟 测量 瓷片 电容 容量 （的 过程） 一样。

2️⃣ Yòng jiānzuǐqián gēn yòng nièzi yíyàng, dōu kěyǐ wānqū yǐnjiǎo.
用 尖嘴钳 跟 用 镊子 一样，都 可以 弯曲 引脚。

3️⃣ "Ānquán chūkǒu" gēn "jìnzhǐ yānhuǒ" yíyàng, dōu shì ānquán biāozhì.
"安全 出口" 跟 "禁止 烟火" 一样，都 是 安全 标志。

**170**

 语法点 2 练习　Exercise on Grammar Point 2

用 "A 跟 B 一样" 完成句子。Complete the sentences with "A 跟 B 一样".

**1** 我_____王天_____，都是焊接工。

**2** 镊子_____尖嘴钳_____，都可以弯曲引脚。

**3** 测量电解电容容量的过程_____测量瓷片电容容量（的过程）_____。

**4** 测量值_____标称值_____，表示电阻是好的。

## 汉字书写 Writing Chinese Characters

## 文化拓展 Culture Insight

### The National Treasure of China — Giant Panda

The giant panda is a Class A protected animal in China. Its body is marked by only two colors: black and white. It has a round face, big black eyes, fat body, and is very lovely. The giant panda has been living on earth for at least 8 million years and is called "living fossil" and "China's national treasure". Giant pandas were originally carnivorous, but they have evolved and now their diet consists of 99% bamboo. In the wild, giant pandas now live mainly in the mountains of China's Sichuan, Shaanxi and Gansu provinces. They usually live to be 18 to 20 years old. Captive pandas can live for more than 30 years. Giant pandas spend half their day eating and most of the other half sleeping. In the wild, giant pandas sleep for two to four hours between meals. Even when they are sleeping, they look cute.

## 小结 Summary

 词语 Words

朗读下列词语。Read aloud the following words.

| | | | |
|---|---|---|---|
| 电解电容 | 正 | 负 | 极性 |
| 但是 | 区分 | 过程 | 一样 |

## 语法 Grammar

朗读下列句子。**Read aloud the following sentences.**

1 测量过程跟测量瓷片电容（的过程）一样。

2 用尖嘴钳跟用镊子一样，都可以弯曲引脚。

3 电解电容的引脚有正、负极性。但是用 DMM 测量容量时，不用区分。

4 乔治要用这把电烙铁，但是导线坏了。

## 课文理解 Text Comprehension

根据提示，复述课文的主要内容。**Retell the main content of the text according to the prompts.**

测量电解电容容量的步骤：把电解电容的引脚插入电容插口——读标称容值，选择量程——读数，加上单位——测量值

# 第19课
## Lesson 19

Jiǎncè diànróng
# 检测电容
### Testing the Capacitance

 复习 Revision

图文连线。**Match the pictures with the corresponding words.**

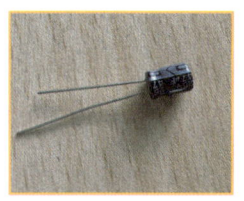

● 电容插口 ●

● 挡位盘 ●

● 引脚 ●

● 正、负极性 ●

● 标称容值 ●

● 电解电容 ●

# 热身 Warm-up

朗读词语。**Read the words aloud.**

**①** xiàng zuǒ piānzhuǎn 向 左 偏转　to deflect to the left

**②** wúqióngdà 无穷大　infinity

**③** duìdiào 对调　to reverse

**④** yīnggāi 应该　should

**⑤** nèibù 内部　internal

**⑥** yǐjīng 已经　already

# 学习生词 Words and Expressions  19-01

| 1 | 应该 | yīnggāi | *opt.* | should |
| 2 | 向 | xiàng | *prep.* | towards, to |
| 3 | 偏转 | piānzhuǎn | *v.* | to deflect |
| 4 | 左 | zuǒ | *n.* | left |
| 5 | 又 | yòu | *adv.* | again |
| 6 | 回到 | huídào | *v.* | to return |
| 7 | 无穷大 | wúqióngdà | *n.* | infinity |
| 8 | 对调 | duìdiào | *v.* | to reverse |
| 9 | 表明 | biǎomíng | *v.* | to indicate |

| 10 | 内部 | nèibù | *n.* | internal |
| 11 | 动 | dòng | *v.* | to move |
| 12 | 保持 | bǎochí | *v.* | to remain |
| 13 | 左右 | zuǒyòu | *n.* | around, about |
| 14 | 已经 | yǐjīng | *adv.* | already |

## 词语练习 Word Exercises

**1.** 给下面的词语选择对应的图片。Choose the corresponding pictures for the following words.

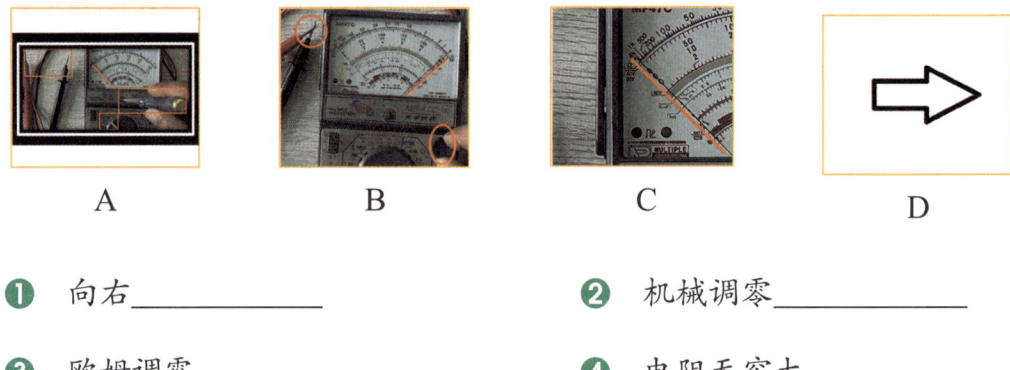

A          B          C          D

① 向右_____          ② 机械调零_____

③ 欧姆调零_____          ④ 电阻无穷大_____

**2.** 朗读词语搭配。Read aloud the word collocations.

| ① 检测 | 检测电容 | ② 向 | 向右 |
| | 检测电阻 | | 向左 |
| | | | 向前 |
| | 检测好坏 | | 向后 |

## 学习课文 Text 🎧 19-02

Jiǎncè diànróng
## 检测 电容

Xuǎnzé zhǐzhēn wànyòngbiǎo de ×10k huò ×1k diànzǔdǎng.
选择 指针 万用表的 ×10k 或 ×1k 电阻挡。

Cèliáng diànzǔ. Zhǐzhēn yīnggāi xiān xiàng yòu piānzhuǎn, zài xiàng
测量 电阻。指针 应该 先 向 右 偏转，再 向

zuǒ yòu huídào diànzǔ wúqióngdà. Hóng、hēi biǎobǐ duìdiào, zài
左 又 回到 电阻 无穷大。 红、黑 表笔 对调，再

cèliáng.
测量。

Rúguǒ jiéguǒ xiāngtóng, biǎomíng diànróng nèibù shì hǎo de.
如果 结果 相同，表明 电容 内部 是 好 的。

Rúguǒ zhǐzhēn bú dòng huò bǎochí zài 0Ω zuǒyòu, biǎomíng
如果 指针 不 动 或 保持 在 0Ω 左右，表明

diànróng nèibù yǐjīng huài le.
电容内部已经坏了。

### Testing the Capacitance

Select ×10k or ×1k resistance gear of the analog multimeter.

Measure the resistance. The pointer should deflect to the right first, then deflect to the left and return to the infinity of resistance. Reverse the red and black probes and measure again.

If the results are the same, it indicates the capacitor is functioning properly internally.

If the pointer does not move or remains at about 0 Ω, it indicates that the capacitor has failed internally.

## 课文练习 Text Exercises

**1.** 根据课文选词填空。**Fill in the blanks with the appropriate words according to the text.**

1 用 _____ 万用表检测电容。

　　A. 指针　　　　　　　　　　B. 数字

2 检测时，选择 _____ 电阻挡。

　　A. ×10k 或 ×1k　　　　　　B. ×10k 或 ×100k

3 如果指针不动，表明电容内部是 _____。

　　A. 坏的　　　　　　　　　　B. 好的

4 指针万用表电阻无穷大在 _____。

　　A. 左边　　　　　　　　　　B. 右边

**2.** 根据课文给下列句子排序。**Sort the following sentences according to the text.**

1 红、黑表笔分别接触两个引脚。　　2 选择指针万用表 ×1k 电阻挡。

3 判断电容内部已经坏了。　　　　　4 指针不动。

_____

# 学习语法 Grammar

## 语法点 1　Grammar Point 1

### 副词"又"　The Adverb "又"

副词"又"放在动词前做状语，表示动作或情况的重复。例如：

The adverb "又" is used before a verb as an adverbial, indicating the repetition of an action or a situation. For example:

Zhǐzhēn yòu huídào diànzǔ wúqióngdà.
**1** 指针 又 回到 电阻 无穷大。

Zhǐshìdēng yòu liàng le.
**2** 指示灯 又 亮 了。

Diànlàotie yòu bù néng yòng le.
**3** 电烙铁 又 不能 用 了。

## 语法点 1 练习　Exercise on Grammar Point 1

给"又"选择合适的位置。Choose the appropriate positions for "又".

**1** A 我 B 焊接了 C 一个 D 电阻。　　　　　　　　（　　）

**2** A 乔治 B 预热了 C 另一把 D 电烙铁。　　　　　（　　）

**3** A 指针 B 向右 C 偏转 D 了。　　　　　　　　　（　　）

**4** A 指示灯 B 闪烁 C 了 D。　　　　　　　　　　（　　）

## 语法点 2 Grammar Point 2

### 副词"已经" The Adverb "已经"

**"已经"表示动作完成或者达到某种程度。例如：**

"已经" indicates that an action has been completed or has reached a certain degree.

For example:

Diànróng nèibù  yǐjīng huài le.
1 电容 内部 已经 坏 了。

Làotiětóu  yǐjīng néng rónghuà hànxī  le.
2 烙铁头 已经 能 熔化 焊锡了。

Diànzǔ yǐjīng  hànjiē hǎo le.
3 电阻 已经 焊接 好 了。

## 语法点 2 练习 Exercise on Grammar Point 2

选词填空。**Fill in the blanks with the appropriate words.**

A. 已经　　　B. 再

1 电阻_____焊接到线路板上了。

2 在线路板上_____焊接一个电阻。

3 线路板上_____焊接了一个电阻。

4 这把电烙铁_____预热了。

# 汉字书写 Writing Chinese Characters

nǐ 你 你 你 你 你 你 你
你 你 你 你 你

tā 他 他 他 他 他
他 他 他 他 他

tā 她 她 她 她 她 她
她 她 她 她 她

men 们 们 们 们 们
们 们 们 们 们

# 职业拓展 Career Insight

### Intelligence

Intelligence refers to the attributes of things that can meet people's various needs under the support of computer network, big data, Internet of Things and artificial intelligence.

For example, a driverless car is a kind of intelligent thing, which integrates sensors, Internet of Things, mobile Internet, big data analysis and other technologies to actively meet people's travel needs. The reason why it is active is that it is not like a traditional car, which needs passive human operation and driving.

 **小结　Summary**

## 词语　Words

朗读下列词语。**Read aloud the following words.**

| | | | |
|---|---|---|---|
| 向 | 左 | 又 | 无穷大 |
| 对调 | 内部 | 已经 | 左右 |

## 语法　Grammar

朗读下列句子。**Read aloud the following sentences.**

1 指针又回到电阻无穷大。

2 指示灯又亮了。

3 电容内部已经坏了。

4 烙铁头已经能熔化焊锡了。

## 课文理解　Text Comprehension

根据提示，复述课文的主要内容。**Retell the main content of the text according to the prompts.**

检测电容——测量电阻——指针应该先向右偏转，再向左回到电阻无穷大——红、黑表笔对调——结果相同，表明电容内部是好的——结果不同，表明电容内部坏了

Kàn wàiguān pànduàn èrjíguǎn
看外观判断二极管
yǐnjiǎo jíxìng
引脚极性
第20课 Lesson 20
Judging the Polarity of Diode Pins by Appearance

 复习 Revision

图文连线。Match the pictures with the corresponding words.

• 电阻无穷大刻度 •

• 电阻 0 Ω 刻度 •

• 指针万用表 •

• 转换开关 •

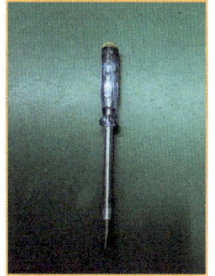

• 向左 •

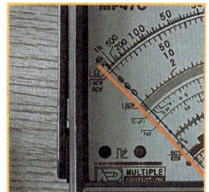

• 螺丝刀 •

# 热身 Warm-up

给词语选择对应的图片。**Choose the corresponding pictures for the words.**

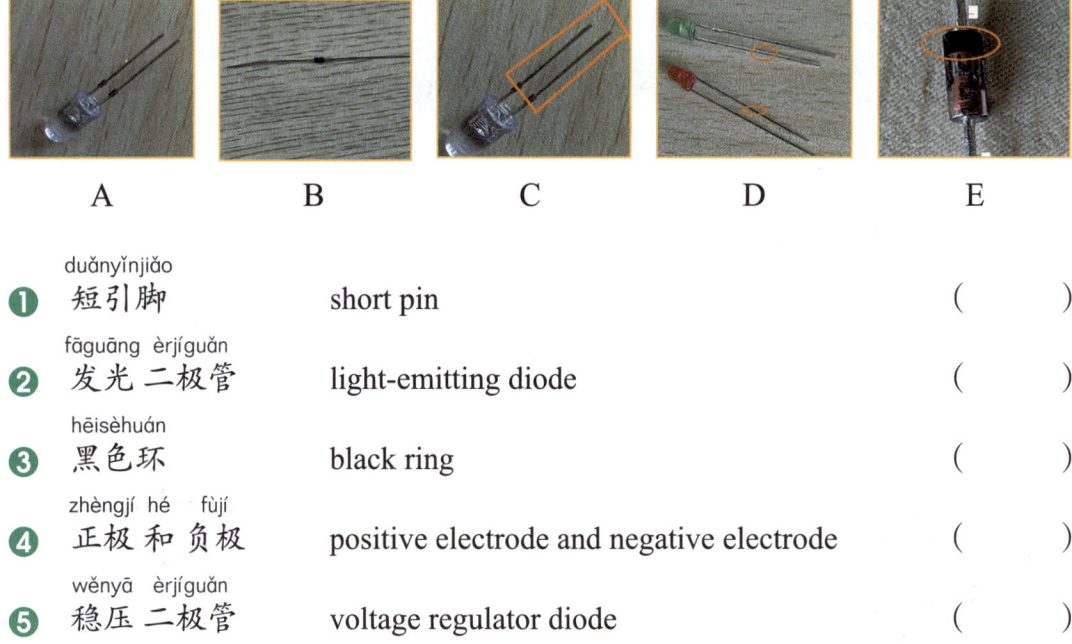

| A | B | C | D | E |

duǎnyǐnjiǎo
❶ 短引脚　　　　short pin　　　　　　　　　　　　　　　（　　）

fāguāng èrjíguǎn
❷ 发光 二极管　　light-emitting diode　　　　　　　　　（　　）

hēisèhuán
❸ 黑色环　　　　black ring　　　　　　　　　　　　　　（　　）

zhèngjí hé　fùjí
❹ 正极 和 负极　　positive electrode and negative electrode　（　　）

wěnyā èrjíguǎn
❺ 稳压 二极管　　voltage regulator diode　　　　　　　　　（　　）

# 学习生词 Words and Expressions 🎧 20-01

| 1 | 外观 | wàiguān | *n.* | appearance |
|---|---|---|---|---|
| 2 | 图示 | túshì | *v.* | to illustrate |
| 3 | 发光二极管 | fāguāng èrjíguǎn | *phr.* | light-emitting diode |
| 4 | 比 | bǐ | *prep.* | than, (superior or inferior) to |

| 5 | 一点儿 | yìdiǎnr | *q.* | a little |
| 6 | 正极 | zhèngjí | *n.* | positive electrode |
| 7 | 还是 | hái shì | *phr.* | or |
| 8 | 负极 | fùjí | *n.* | negative electrode |
| 9 | 呢 | ne | *part.* | used at the end of a question to express a questioning tone |
| 10 | 短 | duǎn | *adj.* | short |
| 11 | 稳压二极管 | wěnyā èrjíguǎn | *phr.* | voltage regulator diode |
| 12 | 黑色环 | hēisèhuán | *n.* | black ring |
| 13 | 与 | yǔ | *prep.* | (...) with |

## 词语练习 Word Exercises

**1.** 给下面的词语选择对应的图片。Choose the corresponding pictures for the following words.

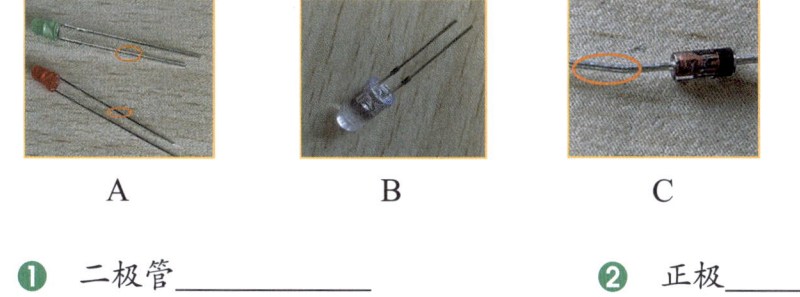

| A | B | C | D |

❶ 二极管_____  ❷ 正极_____

❸ 短_____  ❹ 负极_____

**2. 朗读词语搭配。Read aloud the word collocations.**

| | | | | |
|---|---|---|---|---|
| **❶** 二极管 | 发光二极管 | **❷** 判断 | 判断极性 | |
| | | | 判断正极 | |
| | 稳压二极管 | | 判断负极 | |

## 学习课文 Text 🎧 20-02

Kàn wàiguān pànduàn èrjíguǎn yǐnjiǎo jíxìng
**看 外观 判断 二极管 引脚 极性**

Túshì fāguāng èrjíguǎn, tā de yí gè
图示发光二极管，它的一个

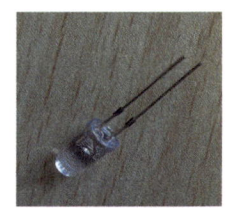

yǐnjiǎo bǐ lìng yí gè cháng yìdiǎnr. Cháng yǐnjiǎo
引脚比另一个长一点儿。长引脚

shì zhèngjí hái shì fùjí ne? Cháng yǐnjiǎo shì
是正极还是负极呢？长引脚是

zhèngjí, duǎn yǐnjiǎo shì fùjí.
正极，短引脚是负极。

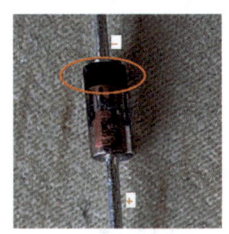

Túshì wěnyā èrjíguǎn shang yǒu yí gè
图示稳压二极管上有一个

hēisè huán. Yǔ hēisè huán liánjiē de yǐnjiǎo shì fùjí, lìng yì
黑色环。与黑色环连接的引脚是负极，另一

duān shì zhèngjí.
端是正极。

## Judging the Polarity of Diode Pins by Appearance

The illustrated light-emitting diode has one pin a little longer than the other. Is the long pin positive or negative? The long pin is positive and the short pin is negative.

There is a black ring on the voltage regulator diode. The pin connected with the black ring is the negative electrode, and the other end is the positive electrode.

### 课文练习 Text Exercises

**1. 根据课文选词填空。Fill in the blanks with the appropriate words according to the text.**

**1** 发光二极管的引脚长短是 _____ 的。

　　A. 一样　　　　　　　　　B. 不一样

**2** 稳压二极管有一个 _____ 色环。

　　A. 白　　　　　　　　　　B. 黑

**3** 发光二极管的长引脚是 _____。

　　A. 正极　　　　　　　　　B. 负极

**4** 稳压二极管有黑色环的一端是 _____。

　　A. 正极　　　　　　　　　B. 负极

**2. 根据课文给下列句子排序。Sort the following sentences according to the text.**

**1** 看发光二极管的外观。　　**2** 判断发光二极管的引脚极性。

**187**

❸ 长引脚是正极。　　　❹ 发光二极管有一个长引脚和一个短引脚。

## 学习语法 Grammar

 **语法点 1**　**Grammar Point 1**

比较句（2）：A 比 B + 形容词（+ 数量短语）
Comparative Sentences (2): A 比 B + Adjective (+ Quantitative Phrase)

比较句用于比较两个事物之间的性质、程度的差别高低。基本结构：A 比 B +
形容词（+ 数量短语）。比如："A 比 B 大"，意思是 A 大。例如：

The comparative sentence is used to compare the difference in nature or degree between two things. The basic structure is "A 比 B + adjective (+ quantitative phrase)". For example: "A 比 B 大" means A is larger. For example:

❶ 　　Yí gè yǐnjiǎo bǐ lìng yí gè（yǐnjiǎo）cháng yìdiǎnr.
　　一 个 引脚 比 另 一 个（引脚）长 一点儿。

❷ 　　Zhèngjí bǐ　fùjí cháng.
　　正极 比 负极 长。

❸ 　　Shùzì wànyòngbiǎo bǐ zhǐzhēn wànyòngbiǎo hǎoyòng.
　　数字 万用表 比 指针 万用表 好用。

**语法点 1 练习**　**Exercise on Grammar Point 1**

给 "比" 选择合适的位置。**Choose the appropriate positions for "比".**

❶ A 发光二极管的一个引脚 B 另一个引脚 C 长。　　　　　（　　）

❷ A 恒温电烙铁 B 普通电烙铁 C 好用。　　　　　　　　（　　）

**3** A 负极 B 正极 C 短。　　　　　　　　　　　　　　（　　　）

**4** A 指针万用表有时（yǒushí, sometimes）B 数字万用表 C 好用。（　　　）

---

### 📋 语法点 2　Grammar Point 2

选择复句"是……，还是……" Alternative Compound Sentences "是……，还是……"

用"是……，还是……"连接两种（或多种）可能来提问，要求选择其中一项作答。例如：

"是……，还是……" is used to connect two (or more) possibilities in a question, requiring the respondant to choose one of them as an answer. For example:

Cháng yǐnjiǎo shì zhèngjí hái shì fùjí?
**1** 长 引脚是 正极还是 负极？

Pūmiè diànqì huǒmiáo shì yòng gānfěn mièhuǒqì hái shì yòng shuǐ?
**2** 扑灭电气 火苗 是 用 干粉灭火器还是 用 水？

Zhège hànpán shì yào yí gè diànzǔ hái shì yí gè diànróng?
**3** 这个焊盘是要一个电阻还是一个 电容？

---

### 📋 语法点 2 练习　Exercise on Grammar Point 2

选词填空。**Fill in the blanks with the appropriate words.**

| A. 还是 | B. 和 |
|---|---|

**1** 二极管有一个引脚 _____ 两个引脚？

**2** 你要普通电烙铁 _____ 恒温电烙铁？

**3** 测量时，要红表笔 _____ 黑表笔。

**4** 这是剥线钳 _____ 偏口钳？

 汉字书写 **Writing Chinese Characters**

rú 如 如 如 如 如 如
如 | 如 | 如 | 如 | 如

hǎo 好 好 好 好 好 好
好 | 好 | 好 | 好 | 好

nǎi 奶 奶 奶 奶 奶
奶 | 奶 | 奶 | 奶 | 奶

mā 妈 妈 妈 妈 妈 妈
妈 | 妈 | 妈 | 妈 | 妈

 文化拓展 **Culture Insight**

### WeChat

WeChat is an instant messaging app released by Tencent in 2011, via which users can send voice messages, videos, images and texts on their mobile phones at high speed. WeChat provides services such as public accounts, Moments and message promotion. Users can add new friends and follow public accounts by using features like "Shake", "Search by Number", "People Nearby" or "Scan QR Code". At the same time, WeChat allows users to share moments with friends, and post what they've read in their Moments.

## 小结  Summary

### 词语  Words

朗读下列词语。**Read aloud the following words.**

| | | | |
|---|---|---|---|
| 外观 | 还是 | 呢 | 正极 |
| 短 | 负极 | 黑色环 | 比 |

### 语法  Grammar

朗读下列句子。**Read aloud the following sentences.**

1. 一个引脚比另一个（引脚）长一点儿。
2. 正极比负极长。
3. 长引脚是正极还是负极？
4. 扑灭电气火苗是用干粉灭火器还是用水？

### 课文理解  Text Comprehension

根据提示，复述课文的主要内容。**Retell the main content of the text according to the prompts.**

判断二极管引脚极性——长引脚——短引脚——有黑色环的二极管——黑色环一端——另一端

**191**

Yòng zhǐzhēn wànyòngbiǎo pànduàn
**用指针万用表判断**
èrjíguǎn yǐnjiǎo jíxìng
**二极管引脚极性**
Judging the Polarity of Diode Pins by
Pointer Multimeter

 复习 **Revision**

图文连线。**Match the pictures with the corresponding words.**

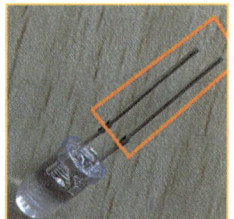

· 正极 ·

· 稳压二极管 ·

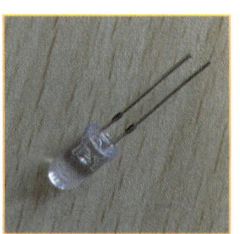

· 引脚 ·

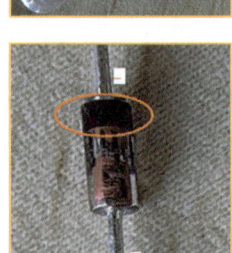

· 发光二极管 ·

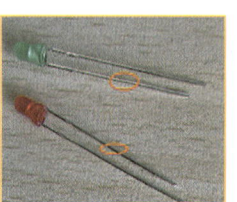

· 短 ·

· 黑色环 ·

## 热身 Warm-up

朗读词语。**Read the words aloud.**

**❶** xūyào
需要　to need

**❷** zěnme
怎么　how

**❸** lái
来　*used between two verbs (verb phrases) with the second one indicating the purpose*

**❹** dà
大　big

**❺** xiǎo
小　small

**❻** nà
那　that

## 学习生词 Words and Expressions 🎧 21-01

| | | | | |
|---|---|---|---|---|
| 1 | 哪个 | nǎge | *pron.* | which |
| 2 | 我们 | wǒmen | *pron.* | we, us |
| 3 | 来 | lái | *v.* | *used between two verbs (verb phrases) with the second one indicating the purpose* |
| 4 | 怎么 | zěnme | *pron.* | how |
| 5 | 得到 | dé//dào | *v.* | to gain |
| 6 | 重复 | chóngfù | *v.* | to repeat |
| 7 | 大小 | dàxiǎo | *n.* | size, magnitude |

| 8 | 获得 | huòdé | *v.* | to gain |
|---|---|---|---|---|
| 9 | 较 | jiào | *adv.* | relatively |
| 10 | 小 | xiǎo | *adj.* | small, little |
| 11 | 那 | nà | *pron.* | that |

📖 **词语练习** **Word Exercises**

**1.** 给下面的词语选择对应的图片。**Choose the corresponding pictures for the following words.**

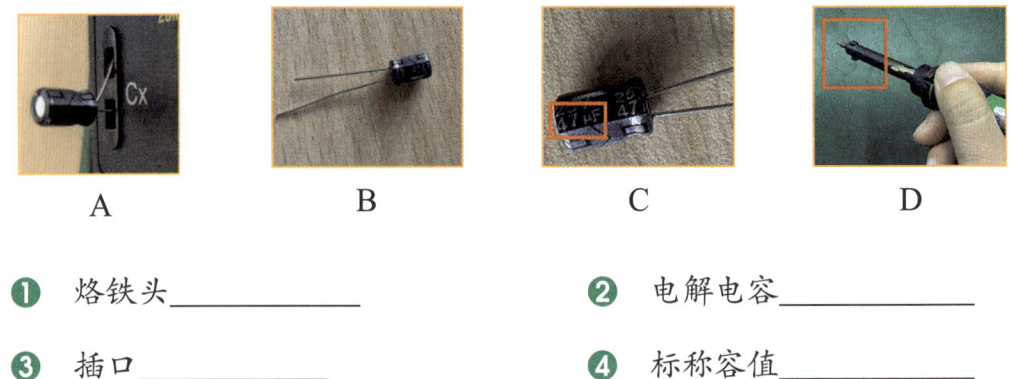

A　　　　　　B　　　　　　C　　　　　　D

❶ 烙铁头＿＿＿＿＿＿＿　　　❷ 电解电容＿＿＿＿＿＿＿

❸ 插口＿＿＿＿＿＿＿　　　❹ 标称容值＿＿＿＿＿＿＿

**2.** 朗读词语搭配。**Read aloud the word collocations.**

| ❶ 怎么 | 怎么判断 | ❷ 比较 | 比较大小 |
|---|---|---|---|
| | 怎么检测 | | 比较好坏 |
| | 怎么焊接 | | |

## 学习课文 Text 🎧 21-02

Yòng zhǐzhēn wànyòngbiǎo pànduàn èrjíguǎn yǐnjiǎo jíxìng
**用 指针 万用表 判断 二极管 引脚 极性**

Pànduàn yǐnjiǎo jíxìng, xūyào xuǎnzé nǎge dǎng ne?
判断 引脚 极性，需要 选择 哪个 挡 呢？

Wǒmen yào yòng ×100Ω huò ×1kΩ de diànzǔdǎng lái pànduàn.
我们 要 用 ×100Ω 或 ×1kΩ 的 电阻挡 来 判断。

Zěnme pànduàn ne?
怎么 判断 呢？

Cèliáng èrjíguǎn, dédào yí gè diànzǔzhí $R_1$.
1. 测量 二极管，得到 一个 电阻值 $R_1$。

Duìdiào hóng、hēi biǎobǐ, chóngfù shàng yí bù, yòu
2. 对调 红、黑 表笔，重复 上 一 步，又

dédào yí gè diànzǔzhí $R_2$.
得到 一个 电阻值 $R_2$。

Bǐjiào $R_1$ hé $R_2$ de dàxiǎo. Huòdé jiào xiǎo diànzǔzhí
3. 比较 $R_1$ 和 $R_2$ 的 大小。获得 较 小 电阻值

de nà cì cèliáng zhōng, yǔ hēibiǎobǐ liánjiē de shì zhèngjí.
的 那 次 测量 中，与 黑表笔 连接 的 是 正极。

## Judging the Polarity of Diode Pins by Pointer Multimeter

Which gear should be selected to judge the pin with a pointer multimeter?
We must choose the ×100Ω or ×1kΩ resistance gear. How do we judge?

1. Measure the diode, and obtain a resistance value $R_1$.

2. Exchange the red and black probes, repeat the last step, and get a resistance value $R_2$ again.

3. Compare $R_1$ and $R_2$. For the measurement with the smaller resistance, the electrode connected with the black probe is the positive.

## 课文练习 Text Exercises

1. 根据课文选词填空。Fill in the blanks with the appropriate words according to the text.

1 用指针万用表前需要准备_____。

　A. 插口和挡位盘　　　　　　　B. 机械调零和欧姆调零

2 用万用表的_____判断引脚。

　A. ×10Ω 或 ×100Ω 挡　　　　B. ×100Ω 或 1kΩ 挡

3 需要测量_____次电阻值。

　A. 一　　　　　　　　　　　B. 两

4 电阻值较小的那次测量中，与红表笔连接的是_____。

　A. 正极　　　　　　　　　　B. 负极

**2.** 根据课文给下列句子排序。**Sort the following sentences according to the text.**

**1** 测量二极管，得到 $R_1$。

**2** 选择 $\times 100\Omega$ 的电阻挡。

**3** 判断出正极。

**4** 对调红、黑表笔，又得到 $R_2$。

# 学习语法 Grammar

 **语法点1** **Grammar Point 1**

**疑问代词"哪个"** The Interrogative Pronoun "哪个"

**用于疑问，表示要求在同类事物中加以确指。例如：**

"哪个" is used in questions to specify one item among similar things. For example:

**1** Yòng nǎge dǎng pànduàn yǐnjiǎo jíxìng ne?
用 哪个 挡 判断 引脚 极性 呢？

**2** Nǎge yǐnjiǎo shì zhèngjí? Nǎge yǐnjiǎo shì fùjí?
哪个 引脚 是 正极？ 哪个 引脚 是 负极？

**3** Nǎge diànzǔdǎng de dānwèi shì qiān'ōu?
哪个 电阻挡 的 单位 是 千欧？

**语法点1练习** **Exercise on Grammar Point 1**

**连词成句。Make sentences with the words.**

**1** ①用 ②哪个 ③引脚 ④万用表 ⑤判断

**2** ①是　　②哪个　　③好的　　④电烙铁

---

**3** ①哪个　　②正极　　③引脚　　④是

---

**4** ①极性　　②判断　　③哪个　　④引脚　　⑤挡

---

## 语法点 2　Grammar Point 2

**疑问代词"怎么"　The Interrogative Pronoun "怎么"**

**疑问代词"怎么"用在动词前，询问动作的方式。例如：**

The interrogative pronoun "怎么" is used before a verb to ask about the manner of an action. For example:

**1** Zěnme pànduàn yǐnjiǎo jíxìng ne?
怎么 判断 引脚 极性 呢？

**2** Zhège dānwèi zěnme dú?
这个 单位 怎么 读？

**3** Zhège zhǐzhēn wànyòngbiǎo zěnme yòng?
这个 指针 万用表 怎么 用？

## 语法点 2 练习　Exercise on Grammar Point 2

给"怎么"选择合适的位置。Choose the appropriate positions for "怎么".

**1** A 判断 B 二极管 C 引脚极性 D 呢？　　　　　　　　（　　）

**2** A 导线的 B 绝缘 C 皮 D 破了？　　　　　　　　　　（　　）

**3** A 这个 B 数字万用表 C 用 D ？　　　　　　　　　　（　　）

**4** A 选择 B 合适的 C 电阻挡 D ？　　　　　　　　　　（　　）

# 汉字书写 Writing Chinese Characters

zǐ 子 子 子
子 子 子 子 子

zì 字 字 字 字 字 字
字 字 字 字 字

xué 学 学 学 学 学 学 学 学
学 学 学 学 学

yùn 孕 孕 孕 孕 孕
孕 孕 孕 孕 孕

# 职业拓展 Career Insight

## Intelligent Residential System

Intelligent residential system can be divided into two components: residential property integrated management system and intelligent home management system. The former includes community security, information services, and metering and charging, while the latter includes home security, home information services, home intelligent control and so on.

 小结 Summary

### 词语 Words

朗读下列词语。**Read aloud the following words.**

| | | | |
|---|---|---|---|
| 较 | 哪个 | 我们 | 来 |
| 怎么 | 重复 | 获得 | 那 |

### 语法 Grammar

朗读下列句子。**Read aloud the following sentences.**

1 用哪个挡判断引脚极性呢？

2 哪个引脚是正极？哪个引脚是负极？

3 这个单位怎么读？

4 怎么判断引脚极性呢？

### 课文理解 Text Comprehension

根据提示，复述课文的主要内容。**Retell the main content of the text according to the prompts.**

用指针万用表判断二极管引脚——选择电阻挡——用红、黑表笔测量电阻——对调红、黑表笔再测量电阻——判断

## 第22课 Lesson 22

### Yòng shùzì wànyòngbiǎo pànduàn
# 用数字万用表判断
### èrjíguǎn yǐnjiǎo jíxìng
# 二极管引脚极性
## Judging the Polarity of Diode Pins by DMM

## 复习 Revision

朗读词语。Read the words aloud.

**1** 大小　　　**2** 小　　　**3** 来

**4** 怎么　　　**5** 哪个　　　**6** 那

## 热身 Warm-up

朗读词语。Read the words aloud.

gōngrén
**1** 工人　　worker

jiāohuàn
**2** 交换　　to exchange

zěnmeyàng
**3** 怎么样　　how (about), what

yángjí
**4** 阳极　　positive electrode

yīnjí
**5** 阴极　　negative electrode

shuōmíng
**6** 说明　　to show

## 学习生词 Words and Expressions  22-01

| 1 | 工人 | gōngrén | *n.* | worker |
|---|------|---------|------|--------|
| 2 | 交换 | jiāohuàn | *v.* | to exchange |
| 3 | 符号 | fúhào | *n.* | symbol |
| 4 | 怎么样 | zěnmeyàng | *pron.* | how (about), what |
| 5 | 说明 | shuōmíng | *v.* | to show |
| 6 | 显示 | xiǎnshì | *v.* | to display |
| 7 | 阳极 | yángjí | *n.* | positive electrode |
| 8 | 阴极 | yīnjí | *n.* | negative electrode |

### 词语练习 Word Exercises

**1.** 给下面的词语选择对应的图片。**Choose the corresponding pictures for the following words.**

| A | B | C | D |
|---|---|---|---|

❶ 挡位盘_____ ❷ DMM_____

❸ 插口_____ ❹ 电阻挡_____

**2. 朗读词语搭配。Read aloud the word collocations.**

| ❶ 到 | 得到 | ❷ 显示 | 显示数字 |
|---|---|---|---|
| | 回到 | | 显示符号 |

## 学习课文 Text 🎧 22-02

Yòng shùzì wànyòngbiǎo pànduàn èrjíguǎn yǐnjiǎo jíxìng
### 用 数字 万用表 判断 二极管 引脚 极性

Gōngrén shǐyòng DMM de èrjíguǎn dǎng pànduàn yǐnjiǎo de
工人 使用 DMM 的 二极管 挡 判断 引脚 的

jíxìng.
极性。

Cèliáng èrjíguǎn, dédào yí gè shùzì.
1.测量 二极管，得到 一个 数字。

Jiāohuàn hóng、 hēi biǎobǐ, zài cèliáng, dédào yí gè
2.交换 红、黑 表笔，再 测量，得到 一个

fúhào "1.".
符号 "1."。

Jiéguǒ zěnmeyàng? Jiéguǒ shuōmíng: xiǎnshì shùzì de nà
3.结果 怎么样? 结果 说明：显示数字 的 那

cì cèliáng zhōng, hóngbiǎobǐ liánjiē de shì yángjí, lìng yì duān shì
次 测量 中，红表笔 连接 的 是 阳极，另一端 是

yīnjí.
阴极。

 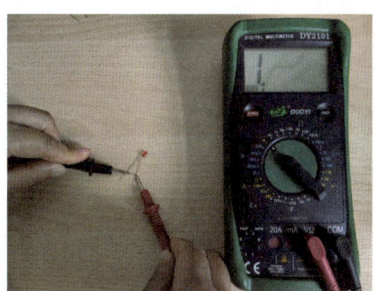

### Judging the Polarity of Diode Pins by DMM

Workers use the diode gear of the DMM to judge the polarity of the pins.

1. Measure the diode, and obtain a figure.

2. Exchange the red and black probes, measure again, and get a symbol "1.".

3. What are the results? The results show that in the measurement displaying a figure, the red probe is connected to the positive electrode, and the other is the negative electrode.

## 课文练习 Text Exercises

1. 根据课文选词填空。**Fill in the blanks with the appropriate words according to the text.**

**1** 选_____可以判断引脚极性。

　A. 指针万用表　　　　　　B. DMM　　　　　　C. 指针万用表或 DMM

**2** 选 DMM 的_____可以判断引脚的极性。

　A. 电阻挡　　　　　　B. 二极管挡

**3** 显示数字的那次测量中，与红表笔连接的是_____。

　A. 阳极　　　　　　B. 阴极

④ "1." 是_____。

    A. 数字                B. 符号

**2.** 根据课文给下列句子排序。**Sort the following sentences according to the text.**

① 显示数字的那次测量中，红表笔连接的是阳极。

② 得到一个数字和一个 "1."。

③ 选择 DMM 的二极管挡。

④ 测量二极管。

_____

# 学习语法 Grammar

 **语法点 1**   **Grammar Point 1**

**表目的关系的连动句**  Sentences with a Serial Verb Construction to Indicate Purpose

连动句的谓语由两个动词构成，共用一个主语。连动句的后一动作可以表示前一个动作的目的。基本结构：S + $V_1$ + $V_2$（表目的）。例如：

The predicate of a sentence with a serial verb construction consists of two verbs sharing the same subject. The latter verb can be the purpose of the former one. The basic structure: S + $V_1$ + $V_2$ (indicating the purpose). For example:

- - - - - - - - - - - - - - - - - - - - - - - - - - - - - -

Gōngrén shǐyòng DMM de èrjíguǎn dǎng pànduàn yǐnjiǎo de jíxìng.
① 工人 使用 DMM 的 二极管 挡 判断 引脚 的 极性。

Gōngrén shǐyòng zhǐzhēn wànyòngbiǎo cèliáng diànzǔzhí.
② 工人 使用 指针 万用表 测量 电阻值。

Hànjiēgōng xuǎnzé héngwēn diànlàotie hànjiē diànróng.
③ 焊接工 选择 恒温 电烙铁 焊接 电容。

📝 **语法点1练习**　Exercise on Grammar Point 1

完成下列连动句，并将选项按正确语序填在横线上。**Complete the sentences with serial verbs, and fill in the blanks with the correct order of options.**

1️⃣ 工人＿＿＿＿＿＿＿　＿＿＿＿＿＿＿。

　　A. 使用数字万用表　　　　　B. 测量电阻值

2️⃣ 焊接工＿＿＿＿＿＿＿　＿＿＿＿＿＿＿。

　　A. 焊接电阻　　　　　　　　B. 选择恒温电烙铁

3️⃣ 我们＿＿＿＿＿＿＿　＿＿＿＿＿＿＿。

　　A. 选择 DMM　　　　　　　B. 判断二极管的引脚极性

4️⃣ 乔治＿＿＿＿＿＿＿　＿＿＿＿＿＿＿。

　　A. 扑灭电气火苗　　　　　　B. 使用干粉灭火器

📝 **语法点2**　Grammar Point 2

---

**疑问代词"怎么样"**　The Interrogative Pronoun "怎么样"

**"怎么样"用来询问状况。例如：**

"怎么样" is used to ask about the condition. For example:

- - - - - - - - - - - - - - - - - - - - - - - - - - - - - - - -

1️⃣ Jiéguǒ zěnmeyàng?
　结果 怎么样？

2️⃣ Cèliáng cípiàn diànróng de guòchéng zěnmeyàng?
　测量 瓷片 电容 的 过程 怎么样？

3️⃣ Nǐ dì-yī tiān zài chējiān shàngbān zěnmeyàng?
　你 第一 天 在 车间 上班 怎么样？

**语法点 2 练习** **Exercise on Grammar Point 2**

选词填空。**Fill in the blanks with the appropriate words.**

A. 怎么　　　　B. 怎么样

1 电位器检测结果＿＿＿＿＿＿＿＿？

2 ＿＿＿＿＿＿＿＿扑灭电气火苗？

3 显示屏上的读数＿＿＿＿＿＿＿＿？

4 ＿＿＿＿＿＿＿＿读显示屏上的数字？

 **汉字书写** **Writing Chinese Characters**

kě

可　可　可　可　可

可　可　可　可　可

hé

何　何　何　何　何　何　何

何　何　何　何　何

gē

哥　哥　哥　哥　哥　哥　哥　哥　哥　哥

哥　哥　哥　哥　哥

gē

歌　歌　歌　歌　歌　歌　歌　歌　歌　歌　歌　歌　歌　歌

歌　歌　歌　歌　歌

## 文化拓展 Culture Insight

### *Jiaozi*

For most Chinese families, especially those in northern China, making and eating *jiaozi* (Chinese dumplings) is an important tradition to celebrate Spring Festival (Chinese New Year). *Jiaozi* is shaped like an ingot, symbolizing wrapping good luck. So, making and eating *jiaozi* is a way for people to pray for their wishes to come true during the New Year. The wrapper of *jiaozi* is a piece of dough made of flour and the stuffing can be made of a variety of ingredients including different kinds of meat, vegetables or both. Chinese *jiaozi* is cooked by boiling or steaming. It is not only delicious, but also nutritious.

## 小结 Summary

### 词语 Words

朗读下列词语。**Read aloud the following words.**

| | | | |
|---|---|---|---|
| 工人 | 显示 | 交换 | 符号 |
| 怎么样 | 说明 | 阳极 | 阴极 |

## 语法 Grammar

朗读下列句子。**Read aloud the following sentences.**

1️⃣ 工人用 DMM 的二极管挡判断引脚的极性。

2️⃣ 工人用指针万用表测量电阻值。

3️⃣ 测量瓷片电容的过程怎么样?

4️⃣ 结果怎么样?

## 课文理解 Text Comprehension

根据提示,复述课文的主要内容。**Retell the main content of the text according to the prompts.**

用 DMM 判断二极管引脚极性——选择二极管挡——测量二极管,得到一个数字——交换红、黑表笔再测量,得到一个符号——判断

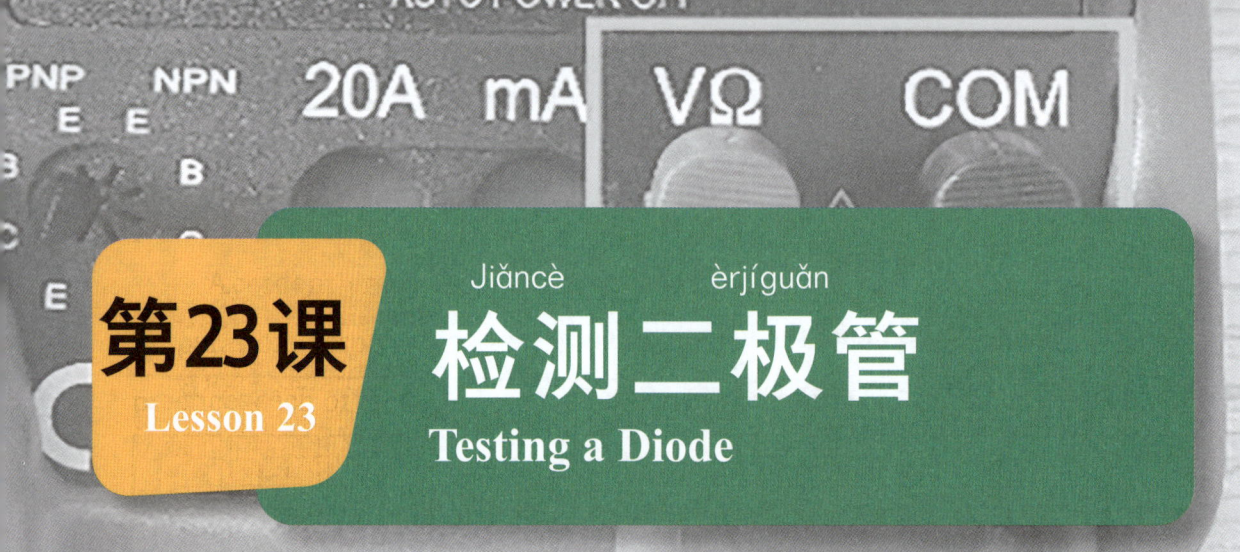

第23课
Lesson 23

Jiǎncè    èrjíguǎn
# 检测二极管
**Testing a Diode**

## 复习 Revision

朗读词语。**Read the words aloud.**

① 阴极　　　② 显示　　　③ 符号

④ 交换　　　⑤ 阳极　　　⑥ 说明

## 热身 Warm-up

朗读词语。**Read the words aloud.**

|  | jǐ | | | zhǒng | |
|---|---|---|---|---|---|
| ① | 几 | how many | ② | 种 | kind |

|  | fāngfǎ | | | chúle | |
|---|---|---|---|---|---|
| ③ | 方法 | method | ④ | 除了 | except |

|  | hái | | | yě | |
|---|---|---|---|---|---|
| ⑤ | 还 | also | ⑥ | 也 | too |

# 学习生词 Words and Expressions  23-01

| 1 | 几 | jǐ | *pron.* | how many |
|---|---|---|---|---|
| 2 | 种 | zhǒng | *m.* | kind |
| 3 | 方法 | fāngfǎ | *n.* | method |
| 4 | 工具 | gōngjù | *n.* | tool |
| 5 | 除了 | chúle | *prep.* | in addition to |
| 6 | 还 | hái | *adv.* | also |
| 7 | 课 | kè | *n.* | lesson |
| 8 | 假如 | jiǎrú | *conj.* | if |
| 9 | 表示 | biǎoshì | *v.* | to show |
| 10 | 很 | hěn | *adv.* | very |
| 11 | 或者 | huòzhě | *conj.* | or |

## 词语练习 Word Exercises

**1.** 给下面的词语选择对应的图片。**Choose the corresponding pictures for the following words.**

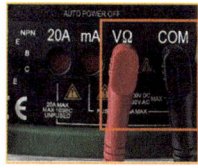

A

B

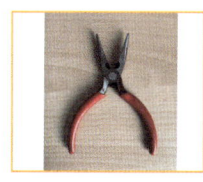

C

D

❶ 工具＿＿＿＿＿＿＿＿    ❷ 电压、电阻插口＿＿＿＿＿＿＿＿

❸ 焊接＿＿＿＿＿＿＿＿    ❹ 电阻挡＿＿＿＿＿＿＿＿

**2.** 朗读词语搭配。**Read aloud the word collocations.**

| ❶ 检测 | 检测工具 | ❷ 重复 | 重复过程 |
|---|---|---|---|
| | 检测方法 | | 重复测量 |
| | 检测二极管 | | 重复使用 |

## 学习课文 Text 🎧 23-02

Jiǎncè   èrjíguǎn
### 检测二极管

Jiǎncè èrjíguǎn yǒu jǐ zhǒng fāngfǎ?  Jiǎncè gōngjù chúle
检测二极管有几种方法？检测工具除了

zhǐzhēn wànyòngbiǎo, hái yǒu DMM. Chóngfù dì 21 kè de
指针万用表，还有DMM。重复第21课的

guòchéng, dédào $R_1$ hé $R_2$.
过程，得到$R_1$和$R_2$。

Jiǎrú $R_1$ hé $R_2$ yí dà yì xiǎo, biǎoshì èrjíguǎn shì
1. 假如$R_1$和$R_2$一大一小，表示二极管是

hǎo de.
好的。

2.假如 $R_1$ 和 $R_2$ 都 很 小， 或者 都 很 大， 表示二极管已经坏了。

Jiǎrú $R_1$ hé $R_2$ dōu hěn xiǎo, huòzhě dōu hěn dà, biǎoshì èrjíguǎn yǐjīng huài le.

## Testing a Diode

How many methods are there to test a diode? In addition to an analog multimeter, a DMM can also be used as a testing tool. Repeat the process in Lesson 21 to obtain two resistance values, $R_1$ and $R_2$.

1. If $R_1$ and $R_2$ are one large and one small, it shows the diode is good.

2. If both $R_1$ and $R_2$ are small, or both are large, it shows the diode is bad.

### 课文练习 Text Exercises

**1.** 根据课文选词填空。**Fill in the blanks with the appropriate words according to the text.**

1 用指针万用表检测二极管，选择_____量程。

A. $\times 100\,\Omega$ B. $\times 10\,\Omega$

2 用 DMM 检测二极管，选择_____。

A. 电阻挡 B. 二极管挡

3 用 DMM 检测时，得到_____表示二极管是好的。

A. 两个比较大的电阻值 B. 一大一小两个电阻值

4 用 DMM 检测时，得到 ＿＿＿＿＿＿ 表示二极管不好。

    A. 一大一小两个电阻值　　　　　B. 两个比较小的电阻值

**2. 根据课文给下列句子排序。Sort the following sentences according to the text.**

1 假如 $R_1$ 和 $R_2$ 都很小，或者都很大，表示二极管是坏的。

2 选择 DMM "$\times 100\Omega$" 电阻挡。

3 如果 $R_1$ 和 $R_2$ 一大一小，表示二极管是好的。

4 测量二极管，得到 $R_1$、$R_2$。

＿＿＿＿＿＿＿＿＿＿＿＿＿＿＿＿＿＿＿＿＿＿＿

# 学习语法 Grammar

**语法点 1　Grammar Point 1**

**疑问代词 "几"　The Interrogative Pronoun "几"**

疑问代词 "几" 用来询问数量的多少，一般用于询问 10 以下的数字。例如：

The interrogative pronoun "几" is used to ask about quantities, usually below 10. For example:

1 Jiǎncè èrjíguǎn yǒu jǐ zhǒng fāngfǎ?
检测 二极管 有 几 种 方法？

2 Zhège gōngwèi xūyào jǐ gè gōngrén?
这个 工位 需要 几个 工人？

3 Nǐ yǒu jǐ gè fāguāng èrjíguǎn?
你 有 几个 发光 二极管？

## 语法点 1 练习　Exercise on Grammar Point 1

用"几"改写句子。Rewrite the sentences with "几".

1. 车间有八个数字万用表。

   _____

2. 电位器有三个引脚。

   _____

3. 检测二极管有两种方法。

   _____

4. 车间有三种安全标志。

   _____

## 语法点 2　Grammar Point 2

固定格式"除了……，还……"　The Fixed Structure "除了……，还……"

"除了"后面的对象是已知的，"除了……"指排除已知的，与"还"搭配使用，表示可补充其他的。例如：

The object following "除了" is already known. "除了……" indicates the exclusion of the item already known. When paired with "还", it indicates additional or supplementary items are available. For example:

1. Chúle yòng zhǐzhēn wànyòngbiǎo, hái kěyǐ yòng DMM jiǎncè èrjíguǎn.
   除了 用 指针 万用表，还 可以 用 DMM 检测二极管。

2. Diànzǔ de dānwèi chúle Ω hé kΩ, hái yǒu MΩ.
   电阻的 单位 除了 Ω 和 kΩ，还 有 MΩ。

3. Wānqū yǐnjiǎo chúle yòng jiānzuǐqián, hái kěyǐ yòng nièzi.
   弯曲引脚除了 用 尖嘴钳，还 可以 用 镊子。

> **语法点 2 练习** Exercise on Grammar Point 2

用"除了……，还……"完成句子。Complete the sentences with "除了……，还……".

**1** 电位器 _____ 两个固定端，_____ 有一个活动端。

**2** 检测二极管 _____ 用指针万用表，_____ 可以用 DMM。

**3** 车间 _____ "安全出口""禁止合闸"标识，_____ 有"禁止烟火"标识。

**4** 电阻的单位 _____ Ω 和 kΩ，_____ 有 MΩ。

## 汉字书写 Writing Chinese Characters

rén　仁 仁 仁 仁
仁　仁 仁 仁

sā　仨 仨 仨 仨 仨
仨　仨 仨 仨 仨

xiū　休 休 休 休 休 休
休　休 休 休 休

tǐ　体 体 体 体 体 体 体
体　体 体 体 体

## 职业拓展 Career Insight

### Intelligent Plant

Intelligent plant is a new stage reached by today's factory on the basis of intelligent equipment, management modernization and information computerization. It not only includes the integration of the intelligent equipment and automation system, but also the comprehensive enterprise management information system (MIS), covering areas such as personnel system, financial system, debugging system and so on.

The development of the "smart factory" represents a new direction in the evolution of the smart industry. The characteristics of manufacturing production are reflected in the following aspects:

(1) The system has autonomous capabilities;

(2) It operates with integrated visual techniques;

(3) It demonstrates coordination, reorganization and expansion;

(4) It has the ability of self-learning and maintenance;

(5) It is a human-machine collaborative system.

 **小结 Summary**

### 词语 Words

朗读下列词语。**Read aloud the following words.**

| | | | |
|---|---|---|---|
| 几 | 方法 | 除了 | 还 |
| 或者 | 假如 | 表示 | 很 |

### 语法 Grammar

朗读下列句子。**Read aloud the following sentences.**

1 检测二极管有几种方法？

2 这个工位需要几个工人？

3 检测二极管除了用指针万用表，还可以用 DMM。

4 电阻的单位除了 Ω 和 kΩ，还有 MΩ。

### 课文理解 Text Comprehension

根据提示，复述课文的主要内容。**Retell the main content of the text according to the prompts.**

用数字万用表检测二极管——准备万用表——测量二极管，得到一个电阻值——对调红、黑表笔再测量，又得到一个电阻值——判断

Yòng zhǐzhēn wànyòngbiǎo pànduàn  jī jí  hé xínghào  (NPN)
用 指针 万用表  判断 基极和型号（NPN）

**Judging the Base Electrode and Type (NPN) with an Analog Multimeter**

复习  **Revision**

朗读词语。**Read the words aloud.**

① 课      ② 还      ③ 工具

④ 种      ⑤ 很      ⑥ 也

热身  **Warm-up**

朗读词语。**Read the words aloud.**

jī jí
① 基极  base electrode

xínghào
② 型号  type

diànjí
③ 电极  electrode

lìngwài
④ 另外  other

nàme
⑤ 那么  then

zhèngquè
⑥ 正确  correct

## 学习生词 Words and Expressions

 24-01

| 1 | 基极 | jījí | *n.* | base electrode (abbreviated to b) |
| 2 | 型号 | xínghào | *n.* | type |
| 3 | 假设 | jiǎshè | *v.* | to assume |
| 4 | 电极 | diànjí | *n.* | electrode |
| 5 | 首先 | shǒuxiān | *adv.* | first of all |
| 6 | 另外 | lìngwài | *pron.* | other |
| 7 | 做 | zuò | *v.* | to do |
| 8 | 正确 | zhèngquè | *adj.* | correct, right |
| 9 | 并且 | bìngqiě | *conj.* | and |
| 10 | 型 | xíng | *n.* | type |

## 词语练习 Word Exercises

**1.** 给下面的词语选择对应的图片。**Choose the corresponding pictures for the following words.**

A

B

C

D

❶ 三极管＿＿＿＿＿＿＿     ❷ 三极管插口＿＿＿＿＿＿＿

❸ 二极管＿＿＿＿＿＿＿     ❹ 三极管型号＿＿＿＿＿＿＿

**2.** 朗读词语搭配。**Read aloud the word collocations.**

| | | | | |
|---|---|---|---|---|
| ❶ 较 | 较小 | ❷ 判断 | 判断正确 |
| | 较大 | | 判断型号 |
| | 较好 | | 判断基极 |

## 学习课文 Text 🎙 24-02

Yòng zhǐzhēn wànyòngbiǎo pànduàn jījí hé xínghào (NPN)
### 用 指针万用表 判断 基极 和 型号（NPN）

Xuǎnzé ×100Ω huò ×1kΩ dǎng, jiǎshè mǒu diànjí shì
选择 ×100Ω 或 ×1kΩ 挡，假设某电极是

jījí.
基极。

Shǒuxiān, yòng hēibiǎobǐ liánjiē jījí. Ránhòu, yòng hóngbiǎobǐ
首先，用黑表笔连接基极。然后，用红表笔

fēnbié liánjiē lìngwài liǎng gè diànjí, rúguǒ dédào liǎng gè jiào xiǎo
分别 连接 另外 两个 电极，如果 得到 两个 较 小

diànzǔzhí, jiù jiāohuàn hóng、 hēi biǎobǐ, zài zuò yí cì cèliáng,
电阻值，就交换 红、黑表笔，再做一次测量，

rúguǒ　dédào liǎng gè jiào dà　diànzǔzhí,　　Nàme,　　jiǎshè zhèngquè,

如果得到两个较大电阻值，那么，假设正确，

bìngqiě　sānjíguǎn　de xínghào shì　NPN　xíng.

并且三极管的型号是 NPN 型。

## Judging the Base Electrode and Type (NPN) with an Analog Multimeter

Select the ×100Ω or ×1kΩ gear. Assume that a certain electrode is the base electrode.

First, connect the black probe to the base electrode and the red probe to the other two electrodes. If two smaller resistor values are obtained, then exchange the red and black probes, and measure the resistance again. If two relatively larger resistor values are obtained, the hypothesis is correct, and it is an NPN type triode.

## 课文练习 Text Exercises

1. 根据课文选词填空。**Fill in the blanks with the appropriate words according to the text.**

   1 用指针万用表判断，选择_____。

   A. 电阻挡　　　　　　　　　　B. 电压挡

   2 选择_____量程。

   A. ×1kΩ　　　　　　　　　　B. ×10Ω

**3** 首先要假设_____。

    A. 正极                  B. 基极

**4** 用指针万用表可以判断出_____三极管的基极。

    A. NPN 型            B. PNP 型

**2.** 根据课文给下列句子排序。**Sort the following sentences according to the text.**

**1** 假设正确，三极管的型号是 NPN 型。

**2** 黑表笔连接假设的基极，得到两个较小电阻值。

**3** 红表笔连接假设的基极，得到两个较大电阻值。

**4** 选择 $\times 100\,\Omega$ 或 $\times 1k\Omega$ 挡。

---

# 学习语法  Grammar

 **语法点 1**  **Grammar Point 1**

**"二" 和 "两" "二" and "两"**

**"二" 可用在 "第" 的后面构成序数词 "第二"，"两" 一般用于量词前。例如：**

"二" can be used after "第" to form the ordinal number "第二", and "两" is generally used before a measure word. For example:

- - - - - - - - - - - - - - - - - - - - - - - - - - - - - - - - - - - - -

    Yòng hóngbiǎobǐ liánjiē lìngwài liǎng gè diànjí.

**1** 用 红表笔 连接 另外 两 个 电极。

    Shǐyòng shùzì wànyòngbiǎo de dì-èr bù shì zhǔnbèi chākǒu.

**2** 使用 数字 万用表 的第二 步 是 准备 插口。

    Jiǎncè èrjíguǎn yǒu liǎng zhǒng fāngfǎ.

**3** 检测 二极管 有 两 种 方法。

## 语法点 1 练习　Exercise on Grammar Point 1

选词填空。**Fill in the blanks with the appropriate words.**

**1** 这个工位需要 _____ 个工人。

> 二　两

**2** 今天是乔治第 _____ 天上班。

> 二　两

**3** 黑表笔连接基极，红表笔连接另外 _____ 个电极。

> 二　两

**4** 焊接的第 _____ 步是把加工好的导线插入焊盘。

> 二　两

## 语法点 2　Grammar Point 2

### 连词"并且"　The Conjunction "并且"

**连接并列的词语或小句，表示更进一层的意思。例如：**

"并且" connects parallel words or clauses to indicate a further meaning. For example:

**1** Nàme, jiǎshè zhèngquè, bìngqiě sānjíguǎn de xínghào shì NPN xíng.
那么，假设 正确，并且三极管的型号是 NPN 型。

**2** Diànbǐ de zhǐshìdēng liàng, biǎoshì wùtǐ yǒu diàn, bìngqiě zhǐshìdēng yuè liàng, biǎoshì diànyā
电笔的指示灯亮，表示物体有电，并且指示灯越亮，表示电压
yuè gāo.
越高。

**3** Zhǐzhēn xiàng zuǒ piānzhuǎn, bìngqiě yuè xiàng zuǒ, diànzǔzhí yuè dà.
指针 向左 偏转，并且越 向左，电阻值越大。

## 语法点 2 练习　Exercise on Grammar Point 2

给"并且"选择合适的位置。**Choose the appropriate positions for "并且".**

**1** A 导线要绝缘，B 导线越 C 绝缘，电烙铁 D 越安全。　　　　（　　）

**2** A 电笔的指示灯亮，B 表示物体有电，C 越亮，表示　　　　（　　）

电压越高 D。

**3** A 指针 B 向左偏转，C 越向左，D 电阻值越大。　　　　　　（　　）

**4** A 那么，B 假设正确，C 三极管的型号是 NPN 型三极管 D。　（　　）

## 汉字书写 Writing Chinese Characters

dāi 呆 呆 呆 呆 呆 呆 呆
呆 呆 呆 呆 呆

jī 机 机 机 机 机 机
机 机 机 机 机

gǎn 杆 杆 杆 杆 杆 杆 杆
杆 杆 杆 杆 杆

zhī 枝 枝 枝 枝 枝 枝 枝 枝
枝 枝 枝 枝 枝

# 文化拓展 Culture Insight

## Confucius' Individualized Teaching

Confucius (551 B.C.-479 B.C.) was a famous educator and thinker in ancient China. His educational ideas and methods had a profound impact on education in China, and "teaching students according to their aptitudes" was one of them. Confucius had two students: one named Zilu and the other named Ranyou. The two students respectively asked Confucius the same question – "If you hear a correct opinion, can you act on it right away?" But Confucius gave different answers to the same question. Zilu always took actions before thinking carefully enough, so Confucius asked him to discuss it with his father and brother. Ranyou often hesitated to do things, so Confucius encouraged him to do it at once. The story of Confucius tells us that a teacher should choose different educational methods according to the characteristics and abilities of students, and teach them according to their aptitudes. Only in this way can students bring their strengths into full play and make up for their shortcomings.

# 小结　Summary

 词语 Words

朗读下列词语。Read aloud the following words.

| | | | |
|---|---|---|---|
| 基极 | 型号 | 假设 | 电极 |
| 首先 | 另外 | 正确 | 并且 |

## 语法　Grammar

朗读下列句子。**Read aloud the following sentences.**

1 红表笔连接另外两个电极。

2 检测二极管有两种方法。

3 那么，假设正确，并且三极管的型号是 NPN 型。

4 指针向左偏转，并且越向左，电阻值越大。

## 课文理解　Text Comprehension

根据提示，复述课文的主要内容。**Retell the main content of the text according to the prompts.**

准备万用表——假设基极——黑表笔连接基极，红表笔分别连接另外两个电极，得到两个较小电阻值——对调红、黑表笔，再做一次测量，得到两个较大电阻值——根据结果判断

第25课
Lesson 25

Yòng zhǐzhēn wànyòngbiǎo pànduàn　jījí　hé xínghào (PNP)
用 指针 万用表 判断 基极和 型号（PNP）
Judging the Base Electrode and Type (PNP) with an Analog Multimeter

## 复习 Revision

朗读词语。**Read the words aloud.**

① 基极

② 型号

③ 电极

④ 那么

⑤ 正确

⑥ 并且

## 热身 Warm-up

朗读词语。**Read the words aloud.**

① qízhōng 其中　in, among

② qítā 其他　other

③ yìxiē 一些　some

④ mǎnzú 满足　to satisfy

⑤ qiánmiàn 前面　previous

⑥ duì 对　correct

228

## 学习生词 Words and Expressions  25-01

| 1 | 其中 | qízhōng | *n.* | in, among |
|---|------|---------|------|-----------|
| 2 | 其他 | qítā | *pron.* | other |
| 3 | 一些 | yìxiē | *q.* | some |
| 4 | 满足 | mǎnzú | *v.* | to satisfy |
| 5 | 前面 | qiánmiàn | *n.* | previous |
| 6 | 提到 | tídào | *phr.* | to mention |
| 7 | 条件 | tiáojiàn | *n.* | condition |
| 8 | 对 | duì | *adj.* | correct |
| 9 | 而且 | érqiě | *conj.* | moreover |
| 10 | 否则 | fǒuzé | *conj.* | otherwise |
| 11 | 重新 | chóngxīn | *adv.* | again |
| 12 | 一直 | yìzhí | *adv.* | until |

### 词语练习 Word Exercises

1. 给下面的词语选择对应的图片。Choose the corresponding pictures for the following words.

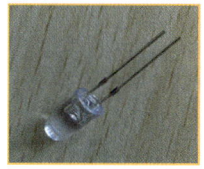

A

B

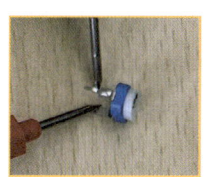

C

D

❶ 三极管＿＿＿＿＿＿＿＿＿　　❷ 二极管＿＿＿＿＿＿＿＿

❸ 固定电阻＿＿＿＿＿＿＿＿　　❹ 电位器＿＿＿＿＿＿＿＿

**2. 朗读词语搭配。Read aloud the word collocations.**

| | | | | |
|---|---|---|---|---|
| ❶ 假设 | 重新假设 | ❷ 的 | 对的 |
| | 假设基极 | | 好的 |
| | 假设正确 | | 大的 |

## 学习课文 Text 🎧 25-02

Yòng zhǐzhēn wànyòngbiǎo pànduàn jījí hé xínghào （PNP）
## 用 指针 万用表 判断 基极 和 型号（PNP）

Xuǎnzé ×100Ω huò ×1kΩ dǎng. Jiǎshè qízhōng yí gè
选择 ×100Ω 或 ×1kΩ 挡。假设其中一个

diànjí shì jījí.
电极是基极。

Yòng hēibiǎobǐ liánjiē jījí. Yòng hóngbiǎobǐ liánjiē
1.用 黑表笔 连接 基极。用 红表笔 连接

qítā liǎng gè diànjí, dédào liǎng gè jiào dà yìxiē de diànzǔzhí.
其他两个电极，得到两个较大一些的电阻值。

Jiāohuàn hóng、 hēi biǎobǐ, dédào liǎng gè jiào xiǎo yìxiē de
2. 交换 红、黑表笔，得到两个较小一些的

diànzǔzhí.
电阻值。

Rúguǒ mǎnzú qiánmiàn tídào de tiáojiàn, jiǎshè jiù shì duì
3. 如果满足前面提到的条件，假设就是对

de, érqiě sānjíguǎn de xínghào shì PNP xíng.
的，而且三极管的型号是 PNP 型。

Fǒuzé, chóngxīn jiǎshè, yìzhí dào mǎnzú zhè liǎng gè
否则，重新假设，一直到满足这 两 个

tiáojiàn wéizhǐ.
条件为止。

**Judging the Base Electrode and Type (PNP) with an Analog Multimeter**

Select the ×100Ω or ×1kΩ gear. Assume that one of the electrodes is the base electrode.

1. Connect the black probe to the base electrode and the red probe to the other two electrodes to obtain two larger resistance values.

2. Exchange the red probe and the black probe, and obtain two smaller resistance values.

3. If the the two conditions mentioned above are satisfied, the hypothesis is correct, and it is a PNP type triode.

Otherwise, rehypothesize until both conditions are met.

## 课文练习 Text Exercises

**1.** 根据课文选词填空。**Fill in the blanks with the appropriate words according to the text.**

1 用指针万用表判断，测量_____。

　　A. 电容　　　　　　　　　　B. 电阻

2 选择_____量程。

　　A. ×100 Ω　　　　　　　　　B. ×10 Ω

3 今天的课能判断_____型三极管。

　　A. NPN　　　　　　　　　　B. PNP

4 b 是三极管的_____。

　　A. 阳极　　　　　　　　　　B. 基极

**2.** 根据课文给下列句子排序。**Sort the following sentences according to the text.**

1 交换红、黑表笔，得到两个较小的电阻值。

2 假设正确，三极管的型号是 PNP 型。

3 黑表笔连接假设的基极，红表笔连接其他两个电极，测量得到两个较大一些的电阻值。

4 选择 ×100 Ω 或 ×1kΩ 挡。

_____

# 学习语法 Grammar

## 语法点1 Grammar Point 1

### 代词"其他" The Pronoun "其他"

代词"其他"指示一定范围以外的人或事物。例如：

The pronoun "其他" indicates people or things outside a certain range. For example:

**1** Yòng hēibiǎobǐ liánjiē jījí, yòng hóngbiǎobǐ liánjiē qítā liǎng gè diànjí.
用 黑表笔 连接 基极，用 红表笔 连接其他 两 个 电极。

**2** Chējiān chúle yǒu "jìnzhǐ yānhuǒ" biāozhì, hái yǒu qítā biāozhì.
车间 除了 有 "禁止 烟火" 标志，还 有其他 标志。

**3** Jiǎncè èrjíguǎn, kěyǐ yòng zhǐzhēn wànyòngbiǎo, yě kěyǐ yòng qítā fāngfǎ.
检测 二极管，可以 用 指针 万用表，也可以 用 其他 方法。

## 语法点1练习 Exercise on Grammar Point 1

给"其他"选择合适的位置。**Choose the appropriate positions for "其他".**

**1** A 车间有干粉灭火器、B 二氧化碳灭火器，还有 C 灭火器 D。　　（　　）

**2** A 我们可以用 B 指针万用表检测二极管，C 也可以用 D 方法。　　（　　）

**3** A 黑表笔 B 连接基极，红表笔 C 连接 D 两个电极。　　（　　）

**4** 乔治 A 是在 B 焊接工位还是 C 工位 D？　　（　　）

## 语法点 2　Grammar Point 2

### 数量词 "一些"　The Quantifier "一些"

量词 "些" 表示少量事物或性状，常与数词 "一" 连用，"一些" 在动词或形容词后面表示稍微。例如：

The measure word "些" means a small amount of things or characteristics, and is often used with the numeral "一". "一些" means "slightly" after a verb or adjective.
For example:

1. Yòng hóng biǎobǐ liánjiē qítā liǎng gè diànjí, dédào liǎng gè jiào dà yìxiē de diànzǔzhí.
   用 红表笔 连接 其他 两个 电极，得到 两个 较大一些 的 电阻值。

2. Diànjiě diànróng bǐ cípiàn diànróng yào dà yìxiē.
   电解 电容 比 瓷片 电容 要 大一些。

3. Yòng hēi biǎobǐ liánjiē qítā liǎng gè diànjí, dédào liǎng gè jiào xiǎo yìxiē de diànzǔzhí.
   用 黑表笔 连接 其他 两个 电极，得到 两 个 较小一些 的 电阻值。

## 语法点 2 练习　Exercise on Grammar Point 2

给 "一些" 选择合适的位置。Choose the appropriate positions for "一些".

1. A 摸静电释放球 B 后再进车间，C 安全 D。　　　　　　（　　）

2. A 发光二极管 B 的一个引脚比 C 另一个长 D。　　　　　（　　）

3. 怎么 A 选择 B 合适 C 的电阻挡 D？　　　　　　　　　（　　）

4. 电压 A 越高，B 指示灯 C 就越亮 D。　　　　　　　　　（　　）

 **汉字书写 Writing Chinese Characters**

zhòng

众 众 众 众 众 众

众 众 众 众 众

pǐn

品 品 品 品 品 品 品 品 品

品 品 品 品 品

jīng

晶 晶 晶 晶 晶 晶 晶 晶 晶 晶 晶

晶 晶 晶 晶

miǎo

淼 淼 淼 淼 淼 淼 淼 淼 淼 淼 淼 淼

淼 淼 淼 淼

 **职业拓展 Career Insight**

**6S Management**

6S site management is one of the most advanced site management tools and methods in the world. Originating in Japan, 5S management was introduced to China in the 1990s, and developed rapidly from south to north, from the Pearl River Delta to the Yangtze River Delta region. During the development of 5S field management, some enterprises represented by Haier added an S (Security), which evolved into 6S field management. Due to its simple operation, quick effect, visible impact and emphasis on continuous improvement, more and more enterprises have carried out 6S activities. At present, 65% of the world's enterprises are implementing 5S or 6S site management. 6S site management is a lean site management practice for the business site and work site. Its activities include Sort (SEIRI), Set in order (SEITON), Shine (SEISO), Standardize (SEIKETSU), Sustain (SHITSUKE) and Security. In China, 6S management is the most widely used and recognized by enterprises.

# 小结 Summary

## 词语 Words

朗读下列词语。**Read aloud the following words.**

| | | | |
|---|---|---|---|
| 其中 | 其他 | 一些 | 满足 |
| 前面 | 提到 | 对 | 而且 |

## 语法 Grammar

朗读下列句子。**Read aloud the following sentences.**

 用黑表笔连接基极，用红表笔连接其他两个电极。

2️⃣ 车间除了有"禁止烟火"标志，还有其他标志。

3️⃣ 红表笔连接其他两个电极，得到两个较大一些的电阻值。

4️⃣ 电解电容比瓷片电容要大一些。

## 📜 课文理解　Text Comprehension

根据提示，复述课文的主要内容。**Retell the main content of the text according to the prompts.**

准备万用表——假设基极——黑表笔连接基极，红表笔连接其他两个电极，得到两个较大一些的电阻值——对调红、黑表笔，再测量，得到两个较小一些的电阻值——根据结果判断

# 第26课
## Lesson 26

Yòng zhǐzhēn wànyòngbiǎo pànduàn　jídiànjí　hé　fāshèjí　（NPN）

# 用指针万用表判断集电极和发射极（NPN）

## Judging the Collector and Emitter (NPN) with an Analog Multimeter

## 复习　Revision

朗读词语。**Read the words aloud.**

①　其中　　　　②　其他　　　　③　一些

④　而且　　　　⑤　对　　　　　⑥　一直

## 热身　Warm-up

朗读词语。**Read the words aloud.**

niēzhù
①　捏住　　to pinch

qíyú
②　其余　　the others

shǒuzhǐ
③　手指　　finger

yǒudiǎnr
④　有点儿　　a little, a bit

jiǎodù
⑤　角度　　angle

jiēzhe
⑥　接着　　subsequently

# 学习生词 Words and Expressions  26-01

| 1 | 集电极 | jídiànjí | *n.* | collector (abbreviated to c) |
|---|---|---|---|---|
| 2 | 发射极 | fāshèjí | *n.* | emitter (abbreviated to e) |
| 3 | 接着 | jiēzhe | *adv.* | then, subsequently |
| 4 | 其余 | qíyú | *pron.* | the rest |
| 5 | 手指 | shǒuzhǐ | *n.* | finger |
| 6 | 捏 | niē | *v.* | to pinch |
| 7 | 观察 | guānchá | *v.* | to observe |
| 8 | 角度 | jiǎodù | *n.* | angle |
| 9 | 有点儿 | yǒudiǎnr | *adv.* | a little, a bit |

## 词语练习 Word Exercises

1. 给下面的词语选择对应的图片。**Choose the corresponding pictures for the following words.**

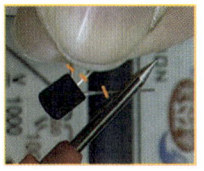
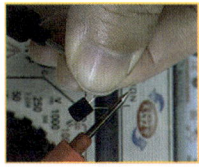
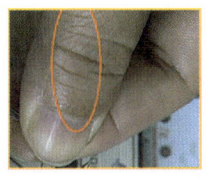
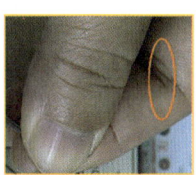

| A | B | C | D |

❶ 捏＿＿＿＿＿＿＿＿

❷ 电极＿＿＿＿＿＿＿＿

❸ 大拇指＿＿＿＿＿＿＿＿

❹ 食指＿＿＿＿＿＿＿＿

**2.** 朗读词语搭配。**Read aloud the word collocations.**

| ❶ 出 | 判断出 | ❷ 有点儿 | 有点儿大 |
|---|---|---|---|
| | 得出 | | 有点儿长 |
| | 拔出 | | 有点儿高 |

学习课文 **Text** 🎧 26-02

Yòng zhǐzhēn wànyòngbiǎo pànduàn jídiànjí hé fāshèjí (NPN)
**用指针万用表判断集电极和发射极（NPN）**

Xiān pànduàn chū jījí (b). Xuǎnzé 1kΩ dǎng. Jiēzhe
先判断出基极（b）。选择 1kΩ 挡。接着

jiǎshè qíyú liǎng gè diànjí: yí gè shì jídiànjí (c), lìng yí
假设其余两个电极：一个是集电极（c），另一

gè shì fāshèjí (e).
个是发射极（e）。

Yòng shǒuzhǐ niēzhù b hé c. Hēibiǎobǐ liánjiē c. Hóngbiǎobǐ
1. 用手指捏住 b 和 c。黑表笔连接 c。红表笔

liánjiē e. Guānchá zhǐzhēn piānzhuǎn de jiǎodù.
连接 e。观察指针偏转的角度。

Jiāng c hé e duìdiào. Chóngfù dì-yī bù, zài guānchá.
2. 将 c 和 e 对调。重复第一步，再观察。

Piānzhuǎn jiǎodù yǒudiǎnr dà de nà cì, hēi、 hóng biǎobǐ
偏转角度有点儿大的那次，黑、红表笔

fēnbié liánjiē de shì c hé e.
分别连接的是 c 和 e。

## Judging the Collector and Emitter (NPN) with an Analog Multimeter

First, identify the base electrode (b). Choose the 1kΩ gear. Then, assume the rest two electrodes: one is the collector (c), and the other is the emitter (e).

1. Pinch the b electrode and the c electrode with your fingers. Connect the black probe to c electrode, and the red probe to e electrode to observe the angle of the pointer deflection.

2. Exchange the c and e electrodes. Repeat Step 1 and observe again.

The time when the angle is bigger, the black and red probes are connected to the c and e electrodes respectively.

### 课文练习 Text Exercises

**1. 根据课文选词填空。Fill in the blanks with the appropriate words according to the text.**

① 用指针万用表判断，测量_____。

A. 电压　　　　　　　　　　B. 电阻

② 选择_____量程。

A. ×100 Ω　　　　　　　　　B. ×1kΩ

③ 已经判断出_____电极。

A. 基极　　　　　　　　　　B. 正极

**4** e 是三极管的_____。

A. 集电极　　　　　　　　　　B. 发射极

**2.** 根据课文给下列句子排序。**Sort the following sentences according to the text.**

**1** 红表笔连接假设的 e。

**2** 看指针偏转的角度。

**3** 黑表笔连接假设的 c。

**4** 手指捏住 b 和假设的 c。

---

# 学习语法 Grammar

## 语法点1　Grammar Point 1

### 介词"将"　The Preposition "将"

"将"跟名词组合，用在动词前。"将"后的名词为动作及其效应的接受者。"将"多见于书面语。例如：

"将" is combined with a noun and used before a verb. The noun following "将" is the recipient of an action and its effect. "将" is often used in written language. For example:

Jiāng c hé e duìdiào.
**1** 将 c 和 e 对调。

Jiāng qítā liǎng gè yǐnjiǎo fēnbié hé hóngbiǎobǐ liánjiē qilai.
**2** 将 其他 两 个 引脚 分别 和 红表笔 连接 起来。

Jiāng zhuǎnhuàn kāiguān tiáozhěng dào ōumǔdǎng.
**3** 将 转换 开关 调整 到 欧姆挡。

### 语法点 1 练习　Exercise on Grammar Point 1

给 "将" 选择合适的位置。Choose the appropriate positions for "将".

**1** A 焊接电阻时，B 要先 C 电阻插入 D 焊盘。　　　　　　（　　）

**2** A 用红、黑表笔 B 电阻两端的引脚 C 连接起来 D。　　　（　　）

**3** A 用尖嘴钳 B 引脚弯曲 C 成直角，D 再焊接。　　　　（　　）

**4** A 红、黑表笔 B 对调，C 重新测量 D。　　　　　　　（　　）

### 语法点 2　Grammar Point 2

#### 副词 "有点儿"　The Adverb "有点儿"

"有点儿" 表示程度不高，一般放在形容词性成分前，而且形容词或形容词性短语多半是有消极意义的或贬义的。例如：

"有点儿" indicates a low degree, usually placed before an adjectival component. The adjective or adjectival phrase is mostly negative or has a derogatory connotation. For example:

Zhǐzhēn piānzhuǎn de jiǎodù yǒudiǎnr dà.
**1** 指针 偏转 的 角度 有点儿 大。

Èrjíguǎn de jiǎncè jiéguǒ yǒudiǎnr bù hǎo.
**2** 二极管 的 检测 结果 有点儿 不 好。

Zhè bǎ diànlàotie de dǎoxiàn yǒudiǎnr pò.
**3** 这 把 电烙铁 的 导线 有点儿 破。

### 语法点 2 练习　Exercise on Grammar Point 2

连词成句。Make sentences with the words.

**1** ①有点儿　　②电解电容　　③大

**2** ①的　　②指针　　③有点儿　　④角度　　⑤偏转　　⑥大

_____

**3** ①短　　②根　　③导线　　④这　　⑤有点儿

_____

**4** ①有电　　②有点儿　　③物体　　④安全　　⑤后　　⑥不

_____

## 汉字书写 Writing Chinese Characters

lěng
冷　冷 冷 冷 冷 冷 冷
冷　冷 冷 冷 冷

liáng
凉　凉 凉 凉 凉 凉 凉 凉 凉 凉
凉　凉 凉 凉 凉

dòng
冻　冻 冻 冻 冻 冻 冻 冻
冻　冻 冻 冻 冻

bīng
冰　冰 冰 冰 冰 冰 冰
冰　冰 冰 冰 冰

## 文化拓展 Culture Insight

**Yuan Longping, "Father of Hybrid Rice"**

Yuan Longping (September 7, 1930—May 22, 2021) was a famous agricultural scientist in China, the pioneer and leader of China's hybrid rice industry, known as the "father of hybrid rice". He has been engaged in hybrid rice research for half a century, and has made great contributions to solving the food problem for Chinese people through his dedication and painstaking pursuit. His outstanding achievements not only belong to China, but also influence the world. In 1999, an asteroid discovered by Schmidt CCD Asteroid project team of Beijing Observatory of Chinese Academy of Sciences was named "Yuan Longping's Star" with the approval of International Committee for Small Body Nomenclature.

## 小结 Summary

朗读下列词语。**Read aloud the following words.**

| | | | |
|---|---|---|---|
| 集电极 | 发射极 | 接着 | 其余 |
| 捏 | 观察 | 角度 | 有点儿 |

**245**

## 语法　Grammar

**朗读下列句子。Read aloud the following sentences.**

1. 将 c 和 e 对调。
2. 将其他两个引脚分别和红表笔连接起来。
3. 指针偏转的角度有点儿大。
4. 二极管的检测结果有点儿不好。

## 课文理解　Text Comprehension

**根据提示，复述课文的主要内容。Retell the main content of the text according to the prompts.**

先判断 b，再假设 c 和 e。捏住 b 和 c。黑表笔连接 c。红表笔连接 e。观察指针偏转的角度。——对调 c 和 e。重复上一步，再观察角度——偏转角度有点儿大的那次，黑、红表笔分别连接的是 c 和 e。

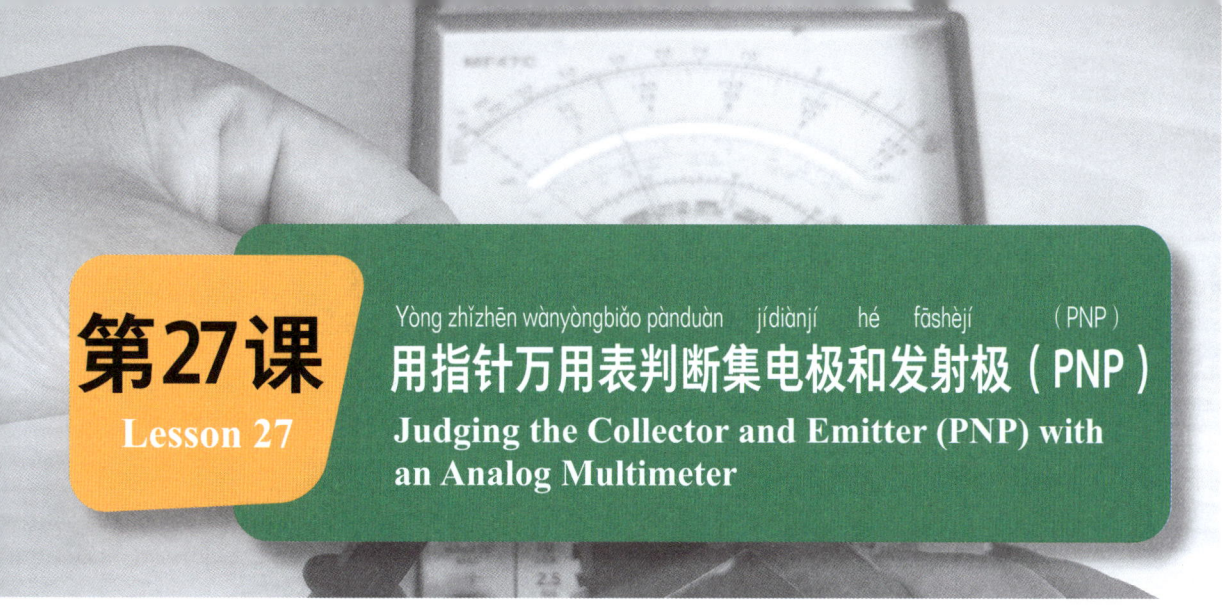

# 第27课
## Lesson 27

Yòng zhǐzhēn wànyòngbiǎo pànduàn  jídiànjí  hé  fāshèjí  （PNP）
# 用指针万用表判断集电极和发射极（PNP）
## Judging the Collector and Emitter (PNP) with an Analog Multimeter

## 复习 Revision

朗读词语。**Read the words aloud.**

**❶** 集电极　　　　**❷** 发射极　　　　**❸** 有点儿

**❹** 角度　　　　　**❺** 捏　　　　　　**❻** 观察

## 热身 Warm-up

朗读词语。**Read the words aloud.**

|  |  |  |  |  |  |
|---|---|---|---|---|---|
| **❶** | xuánzhuǎn 旋转 | to rotate | **❷** | lì 力 | force, power |
| **❸** | xiànxiàng 现象 | phenomenon | **❹** | fāshēng 发生 | to happen |
| **❺** | kànjiàn 看见 | to see | **❻** | yíxià 一下 | *used after a verb to indicate a short action* |

## 学习生词 Words and Expressions  27-01

| 1 | 旋转 | xuánzhuǎn | *v.* | to rotate |
| 2 | 接下来 | jiē xialai | *phr.* | next, then |
| 3 | 一点儿 | yìdiǎnr | *phr.* | a little |
| 4 | 力 | lì | *n.* | strength, force |
| 5 | 轻 | qīng | *adj.* | gently |
| 6 | 现象 | xiànxiàng | *n.* | phenomenon |
| 7 | 发生 | fāshēng | *v.* | to happen |
| 8 | 看见 | kànjiàn | *v.* | to see |
| 9 | 表头 | biǎotóu | *n.* | meter of a multimeter |
| 10 | 往 | wǎng | *prep.* | to, toward |
| 11 | 对比 | duìbǐ | *v.* | to compare |
| 12 | 一下 | yíxià | *q.* | *used after a verb to indicate a short action* |

### 词语练习 Word Exercises

1. 给下面的词语选择对应的图片。Choose the corresponding pictures for the following words.

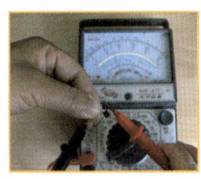

A

B

C

D

❶ 亮＿＿＿＿＿＿＿＿＿　　❷ 判断＿＿＿＿＿＿＿＿

❸ 两个＿＿＿＿＿＿＿＿　　❹ 三个＿＿＿＿＿＿＿＿

**2. 朗读词语搭配。Read aloud the word collocations.**

| | | | | |
|---|---|---|---|---|
| ❶ 往 | 往右 | ❷ 一下 | 对比一下 |
| | 往左 | | 接触一下 |
| | 往上 | | 检测一下 |

## 学习课文 Text 🎧 27-02

Yòng zhǐzhēn wànyòngbiǎo pànduàn jídiànjí hé fāshèjí (PNP)
### 用 指针万用表判断集电极和发射极（PNP）

Xiān pànduàn chū b. Bǎ zhuǎnhuàn kāiguān xuánzhuǎn dào ×1kΩ
先 判断 出 b。把 转换 开关 旋转 到 ×1kΩ

dǎng. Jiē xialai jiǎshè c hé e.
挡。接下来假设 c 和 e。

Yòng yìdiǎnr lì qīngqīng de niēzhù b hé c. Hēi、hóng
1. 用一点儿力轻轻 地捏住 b 和 c。黑、红

biǎobǐ fēnbié liánjiē c hé e, kànkan yǒu shénme xiànxiàng fāshēng.
表笔分别连接 c 和 e，看看有什么 现象 发生。

Néng kànjiàn biǎotóu de zhǐzhēn wǎng yòu piānzhuǎn.
能 看见 表头的指针 往 右 偏转。

Duìdiào c hé e, chóngfù shàng yí bù.
2. 对调 c 和 e，重复 上 一 步。

Duìbǐ yíxià jiǎodù. Piānzhuǎn jiǎodù jiào dà de nà cì, hēi、

对比一下角度。偏转 角度较大的那次，黑、

hóng biǎobǐ fēnbié liánjiē de shì e hé c.

红 表笔 分别连接的是 e 和 c。

## Judging the Collector and Emitter (PNP) with an Analog Multimeter

First, identify the base electrode. Set the switch to the ×1kΩ gear. Then assume the collector and the emitter.

1. Pinch the b electrode and the c electrode gently with a little bit of force. Connect the black and red probes to the c electrode and the e electrode respectively. See what happens. We can see the pointer of the multimeter deflects to the right.

2. Exchange the c and e electrodes. Repeat the previous step.

Compare the angles. The time when the angle is bigger, the black and red probes are connected to the e and c electrodes respectively.

### 课文练习 Text Exercises

**1. 根据课文选词填空。Fill in the blanks with the appropriate words according to the text.**

**1** 用指针万用表判断，测量_____。

A. 电阻　　　　　　　　　　B. PNP

**2** 选择_____量程。

A. ×100kΩ　　　　　　　　B. ×1kΩ

**3** _____已经判断出来了。

    A. b                               B. c

**4** 三极管的型号是_____。

    A. NPN                         B. PNP

**2.** 根据课文给下列句子排序。**Sort the following sentences according to the text.**

  **1** 将假设的 c 和 e 对调，再测一次。

  **2** 黑表笔连接假设的 c，红表笔连接假设的 e，看指针偏转角度。

  **3** 手指捏住 b 和假设的 c。

  **4** 对比两次的偏转角度。

---

## 学习语法 Grammar

### 语法点1 Grammar Point 1

**介词 "往" The Preposition "往"**

介词 "往" 表示动作的方向，跟处所词语组成介词短语，用在动词前。例如：

The preposition "往" indicates the direction of an action. When combined with a locative word, it forms a prepositional phrase and is placed before the verb. For example:

Zhǐzhēn wǎng yòu piānzhuǎn.
**1** 指针 往 右 偏转。

Wǎng qián wānqū yǐnjiǎo.
**2** 往 前 弯曲 引脚。

Wǎng zuǒ shì chējiān, wǎng yòu shì kùfáng.
**3** 往 左 是 车间，往 右 是 库房。

**语法点 1 练习　Exercise on Grammar Point 1**

连词成句。Make sentences with the words.

**1** ①是　②右　③车间　④就　⑤往

_____

**2** ①左　②指针　③偏转　④往

_____

**3** ①库房　②干粉灭火器　③请　④几个　⑤放　⑥往

_____

**4** ①往　②需要　③电容　④上　⑤工人　⑥焊接　⑦线路板

_____

**语法点 2　Grammar Point 2**

动词 +"一下"　Verb +"一下"

"一下"用在动词后面，表示一次短暂的动作。相当于动词的重叠，宾语可以省略。例如：

"一下" is used after a verb to indicate a short-duration action, equivalent to the reduplicated form of a verb. The object of the verb can be omitted. For example:

Duìbǐ yíxià zhǐzhēn piānzhuǎn de jiǎodù.
**1** 对比一下 指针 偏转 的角度。

Wǒ kàn yíxià jiǎncè jiéguǒ.
**2** 我 看一下检测结果。

Yòng zhǐzhēn wànyòngbiǎo jiǎncè yíxià èrjíguǎn.
**3** 用 指针 万用表 检测 一下 二极管。

## 语法点 2 练习 Exercise on Grammar Point 2

连词成句。Make sentences with the words.

**1** ① 预热　　②请　　③电烙铁　　④一下

_____

**2** ① 转动　　②你　　③旋钮　　④一下

_____

**3** ①红表笔　　②对调　　③和　　④把　　⑤一下　　⑥黑表笔

_____

**4** ①指针　　②角度　　③一下　　④偏转　　⑤对比　　⑥的

_____

## 汉字书写 Writing Chinese Characters

jiāng
江 江 江 江 江 江

| 江 | 江 | 江 | 江 | 江 | | | | | |

hé
河 河 河 河 河 河 河 河

| 河 | 河 | 河 | 河 | 河 | | | | | |

hú
湖 湖 湖 湖 湖 湖 湖 湖 湖 湖 湖 湖

| 湖 | 湖 | 湖 | 湖 | 湖 | | | | | |

hǎi

海 海 海 海 海 海 海 海 海 海

海 海 海 海 海

**职业拓展 Career Insight**

### Material Management

Material management is a general term for a series of planning, organization and control management activities such as procurement, acceptance, supply, storage, distribution, rational use, saving and comprehensive utilization of various materials required for enterprise production and operation.

With the development of manufacturing and computer technology, as well as the application of quantitative analysis methods, this management has developed from professional department management to comprehensive management, from simple material reserve management to just-in-time material management, and from manual operation to automated, information-based MRP system.

# 小结 Summary

## 词语 Words

朗读下列词语。**Read aloud the following words.**

| | | | |
|---|---|---|---|
| 力 | 轻 | 发生 | 看见 |
| 表头 | 往 | 对比 | 一下 |

## 语法 Grammar

朗读下列句子。**Read aloud the following sentences.**

1 指针往右偏转。

2 往左是车间，往右是库房。

3 对比一下指针偏转的角度。

4 我看一下检测结果。

## 课文理解 Text Comprehension

根据提示，复述课文的主要内容。**Retell the main content of the text according to the prompts.**

先判断 b，再假设 c 和 e。捏住 b 和 c。黑、红表笔分别连接 c 和 e。指针往右偏转。——将假设的 c 和 e 对调。重复上一步。——对比一下指针偏转的角度，角度有点儿大的那次，黑、红表笔分别连接的是 e 和 c。

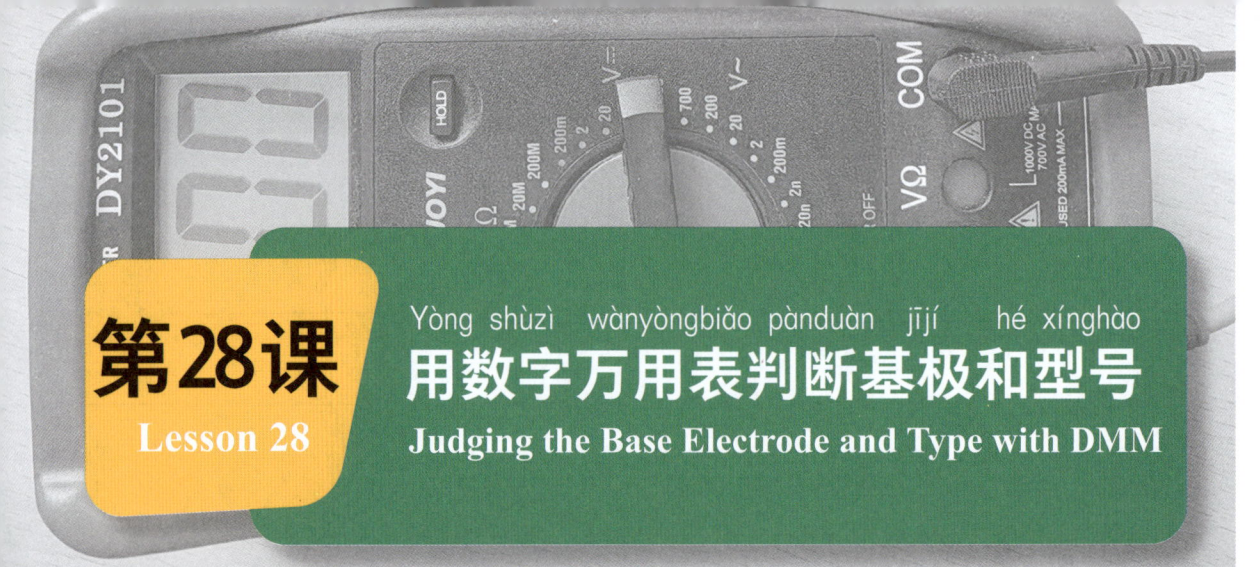

Yòng shùzì wànyòngbiǎo pànduàn jījí hé xínghào
用数字万用表判断基极和型号
Judging the Base Electrode and Type with DMM

第28课
Lesson 28

## 复习 Revision

朗读词语。Read the words aloud.

**①** 一下　　　　**②** 往　　　　**③** 对比

**④** 看见　　　　**⑤** 发生　　　　**⑥** 力

## 热身 Warm-up

朗读词语。Read the words aloud.

| | | | |
|---|---|---|---|
| **①** sùdù 速度 speed | | **②** xiāngduì 相对 relative | |
| **③** huì 会 will | | **④** tóngshí 同时 (at) the same time | |
| **⑤** quèdìng 确定 to confirm | | **⑥** tóngyàng 同样 same | |

# 学习生词 Words and Expressions  28-01

| 1 | 拿 | ná | v. | to use |
|---|---|---|---|---|
| 2 | 速度 | sùdù | n. | speed |
| 3 | 会 | huì | opt. | will |
| 4 | 相对 | xiāngduì | adj. | relative |
| 5 | 快 | kuài | adj. | quick, fast |
| 6 | 则 | zé | conj. | *indicating a conditional or causal relationship* |
| 7 | 同时 | tóngshí | conj. | (at) the same time |
| 8 | 确定 | quèdìng | v. | to confirm |
| 9 | 经过 | jīngguò | v. | to go through |
| 10 | 同样 | tóngyàng | adj. | same |

## 词语练习 Word Exercises

**1.** 给下面的词语选择对应的图片。**Choose the corresponding pictures for the following words.**

| A | B | C | D |

❶ 1 根＿＿＿＿＿＿

❷ 4 个＿＿＿＿＿＿

❸ 1 把＿＿＿＿＿＿

❹ 4 步＿＿＿＿＿＿

**2.** 朗读词语搭配。**Read aloud the word collocations.**

| | | | | |
|---|---|---|---|---|
| ❶ 一些 | 快一些 | ❷ 过程 | 同样的过程 |
| | 长一些 | | 测量过程 |
| | 好一些 | | 检测过程 |

## 学习课文 Text　🎧 28-02

Yòng shùzì wànyòngbiǎo pànduàn jījí hé xínghào
### 用数字万用表判断基极和型号

Yàoshi ná DMM lái pànduàn jījí hé xínghào, sùdù huì
要是拿DMM来判断基极和型号，速度会

xiāngduì kuài yìxiē. Xuǎnzé èrjíguǎn dǎng, jiǎshè jījí.
相对 快一些。选择二极管挡，假设基极。

Hóngbiǎobǐ liánjiē b, hēibiǎobǐ fēnbié liánjiē qíyú diànjí.
1. 红表笔连接b，黑表笔分别连接其余电极。

Xiǎnshìpíng shang de dúshù yàoshi dōu zài 0.7 zuǒyòu, zé jiǎshè
显示屏 上 的 读数 要是 都 在 0.7 左右，则 假设

zhèngquè. Tóngshí kěyǐ quèdìng sānjíguǎn de xínghào shì NPN xíng.
正确。同时可以确定三极管的型号是NPN型。

Jiāohuàn hóng、　hēi biǎobǐ.　Jīngguò tóngyàng de guòchéng,
## 2. 交换红、黑表笔。经过同样的过程,

kěyǐ pànduàn chū PNP xíng de jījí hé xínghào.
## 可以判断出 PNP 型的基极和型号。

### Judging the Base Electrode and Type with DMM

Using a DMM to judge the base electrode and the type is relatively faster. Select the diode gear. Assume a base electrode.

1. Connect the red probe to b electrode, and the black probe to the other electrodes. If the values on the display are both around 0.7, the assumption is correct. At the same time, it can be determined that the triode is of the NPN type.

2. Exchange red and black probes. After the same process, the base electrode and the type of a PNP triode can be determined.

## 课文练习 Text Exercises

**1. 根据课文选词填空。Fill in the blanks with the appropriate words according to the text.**

① 用 DMM 判断基极和型号,要选择_____。

    A. 电阻挡　　　　　　　　　　B. 二极管挡

② 用 DMM 判断基极和型号,要测量_____。

    A. 电阻值　　　　　　　　　　B. 电压值

**259**

3️⃣ 假设其中一个引脚是_____。

　　A. 基极　　　　　　　　　　B. 集电极

4️⃣ 红表笔连接 b 极时，得到两个 0.7 左右的数。三极管是_____。

　　A. NPN 型　　　　　　　　　B. PNP 型

**2.** 根据课文给下列句子排序。**Sort the following sentences according to the text.**

1️⃣ 三极管为 NPN 型。

2️⃣ 红表笔连接假设的 b 极，黑表笔分别连接其他两个电极。

3️⃣ 选择 DMM 的二极管挡。

4️⃣ 如果测量值都在 0.7 左右，则假设正确。

---

# 学习语法 Grammar

 **语法点 1　Grammar Point 1**

**副词"分别"　The Adverb "分别"**

**副词"分别"表示采取不同方式。例如：**

The adverb "分别" indicates taking different approaches. For example:

1️⃣ Hóngbiǎobǐ liánjiē b,　hēibiǎobǐ fēnbié liánjiē qíyú diànjí.
　　红表笔 连接 b，黑表笔 分别 连接 其余 电极。

2️⃣ Qǐng fēnbié yòng zhǐzhēn wànyòngbiǎo hé　shùzì wànyòngbiǎo cèliáng yíxià diànzǔzhí.
　　请 分别 用 指针 万用表 和 数字 万用表 测量一下 电阻值。

3️⃣ Hóng、hēibiǎobǐ fēnbié liánjiē　èrjíguǎn liǎng gè yǐnjiǎo,　dédào yí gè diànzǔzhí $R_1$.
　　红、黑表笔 分别 连接 二极管 两个 引脚，得到 一 个 电阻值 $R_1$。

### 语法点 1 练习　Exercise on Grammar Point 1

给"分别"选择合适的位置。Choose the appropriate positions for "分别".

1 A 工人要根据 B 不同的工序 C 加工 D。　　　　　　（　　　）

2 请 A 用指针万用表 B 和数字万用表测量一下 C 电阻值 D。　（　　　）

3 将红、黑表笔 A 与电阻两端的 B 引脚连接 C 起来 D。　　（　　　）

4 A 两表笔 B 接触两引脚 C，D 指针向右偏转。　　　　（　　　）

### 语法点 2　Grammar Point 2

#### 连词"则"　The Conjunction "则"

连词"则"连接两个小句，表示因果关系。前一小句表示原因，后一小句表示结果。常用于书面语。例如：

The conjunction "则" connects two clauses to indicate a cause-effect relationship. The first clause indicates the cause and the second one indicates the effect. It is often used in written language. For example:

1 Yàoshi dúshù dōu zài 0.7 zuǒyòu,　zé jiǎshè zhèngquè.
要是 读数 都 在 0.7 左右，则 假设 正确。

2 Yàoshi zhǐshìdēng liàng,　zé biǎoshì wùtǐ yǒu diàn.
要是 指示灯 亮，则 表示 物体 有 电。

3 Yàoshi liǎng cì cèliáng de jiéguǒ xiāngtóng, zé biǎomíng diànróng shì hǎo de.
要是 两次 测量的 结果 相同，则 表明 电容 是 好的。

### 语法点 2 练习　Exercise on Grammar Point 2

用"则"组句。Make sentences with "则".

1 ①指示灯亮　　②表示物体有电

2 ①烙铁头预热不好　　②不能熔化焊锡

3 ①显示屏的读数都在 0.7 左右　　②假设正确

4 ①电阻值有断续或跳跃　　②说明电位器接触不好

 汉字书写 **Writing Chinese Characters**

chuān
川 川 川
川　川　川　川　川

sà
卅 卅 卅 卅
卅　卅　卅　卅　卅

zhōu
州 州 州 州 州 州
州　州　州　州　州

cè
册 册 册 册 册
册　册　册　册　册

## 文化拓展 Culture Insight

**Lu Ban, The "Originator of Architecture and Carpenters" in China**

Lu Ban (507 B.C.- 444 B.C.) was a native of the State of Lu during the Spring and Autumn Period. Legend has it that Lu Ban invented tools such as the winding ruler (also called Lu Ban's ruler), the ink fountain, the plane, the drill and the saw. Many tools and instruments used in woodworking are his inventions. These inventions freed the craftsmen from the heavy labor at that time, doubled labor efficiency, and brought a new look to the civil engineering technology. Later, in order to commemorate this famous master, people honored him as the "Originator of Architecture and Carpenters" in China.

## 小结 Summary

朗读下列词语。**Read aloud the following words.**

| | | | |
|---|---|---|---|
| 拿 | 速度 | 会 | 相对 |
| 快 | 同时 | 确定 | 经过 |

**263**

**语法　Grammar**

朗读下列句子。**Read aloud the following sentences.**

**1** 红表笔连接 b，黑表笔分别连接其余电极。

**2** 请分别用指针万用表和数字万用表测量一下电阻值。

**3** 读数要是都在 0.7 左右，则假设正确。

**4** 要是指示灯亮，则表示物体有电。

**课文理解　Text Comprehension**

根据提示，复述课文的主要内容。**Retell the main content of the text according to the prompts.**

选择 DMM 的二极管挡——假设基极—— 红表笔连接 b——黑表笔分别连接其余电极，测量值都在 0.7 左右——假设正确，是 NPN 型——交换红、黑表笔重复测量过程，可以判断是 PNP 型

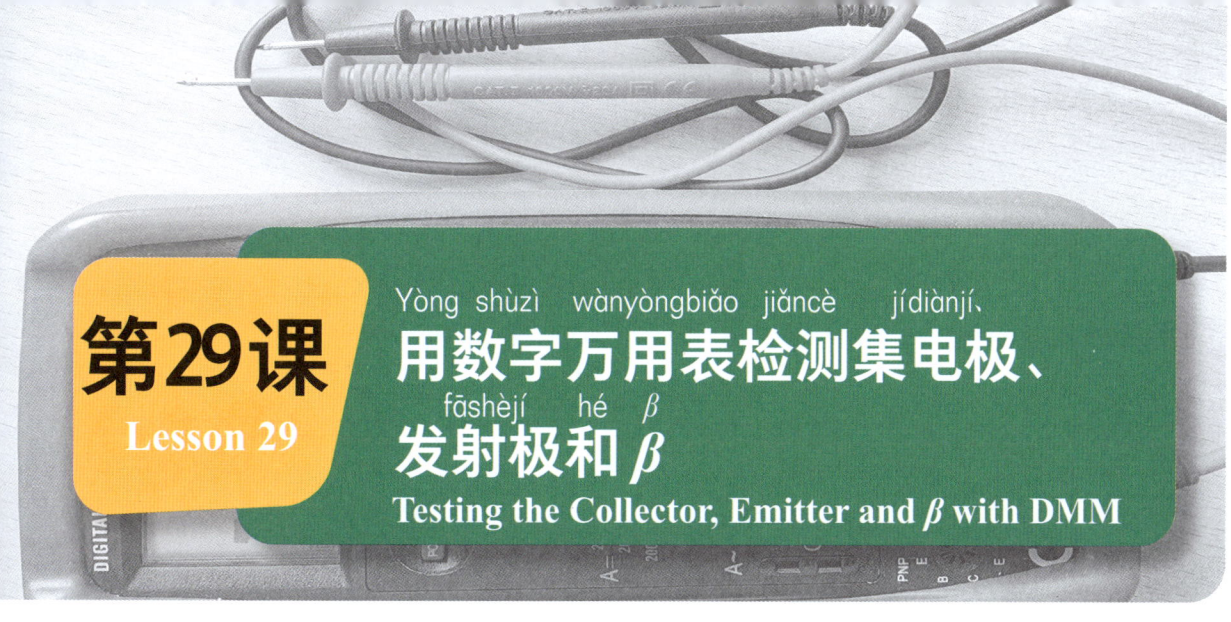

第29课
Lesson 29

Yòng shùzì wànyòngbiǎo jiǎncè jídiànjí、
**用数字万用表检测集电极、**
fāshèjí hé β
**发射极和 β**
Testing the Collector, Emitter and β with DMM

## 复习 Revision

朗读词语。**Read the words aloud.**

**1** 经过          **2** 同样          **3** 快

**4** 确定          **5** 同时          **6** 则

## 热身 Warm-up

朗读词语。**Read the words aloud.**

**1** zhōng 中    in              **2** shù 数    number

**3** shíhou 时候  (a point in) time  **4** diànliú 电流  current

**5** jìnsì 近似   approximate      **6** méiyǒu 没有  not to have

265

 学习生词 Words and Expressions  29-01

| 1 | 课程 | kèchéng | *n.* | lesson |
|---|------|---------|------|--------|
| 2 | 中 | zhōng | *n.* | in |
| 3 | 时候 | shíhou | *n.* | (a point in) time |
| 4 | 数 | shù | *n.* | number |
| 5 | 电流 | diànliú | *n.* | current |
| 6 | 交流电流 | jiāoliú diànliú | *phr.* | alternating current (AC) |
| 7 | 直流电流 | zhíliú diànliú | *phr.* | direct current (DC) |
| 8 | 近似 | jìnsì | *v.* | to approximate |
| 9 | 相等 | xiāngděng | *v.* | to equal |
| 10 | 没有 | méiyǒu | *v.* | not to have |

词语练习 Word Exercises

**1. 选词填空。Fill in the blanks with the appropriate words.**

| A. 时候 | B. 值 | C. Ω | D. 已经 |
|---------|-------|------|---------|

❶ 测量＿＿＿＿＿＿＿

❷ ＿＿＿＿＿＿＿判断出来

❸ 在检测电容的＿＿＿＿＿＿

❹ 258＿＿＿＿＿＿＿

**2.** 朗读词语搭配。**Read aloud the word collocations.**

| | | | | |
|---|---|---|---|---|
| ❶ 电流 | 电流放大倍数 | ❷ 插口 | 三极管插口 |
| | 交流电流 | | 电容插口 |
| | 直流电流 | | 电压、电阻插口 |

## 学习课文 Text  🎧 29-02

Yòng shùzì wànyòngbiǎo jiǎncè jídiànjí、 fāshèjí hé $\beta$

# 用数字万用表检测集电极、发射极和 $\beta$

Zài qiánmiàn de kèchéng zhōng, yǐjīng pànduàn chū sānjíguǎn de b
在 前面的课程 中，已经判断 出三极管的 b

hé xínghào. Zài pànduàn de shíhou, dédào liǎng gè 0.7 zuǒyòu de
和 型号。在 判断 的时候，得到 两个 0.7 左右的

shù. Shù jiào dà de nà cì cèliáng, biǎobǐ liánjiē de shì b hé c.
数。数 较大的那次测量，表笔连接的是 b 和 c。

Lìngwài yí cì, biǎobǐ liánjiē de shì b hé e.
另外一次，表笔连接的是 b 和 e。

Yòng $h_{FE}$ dǎng cèliáng diànliú fàngdà bèishù, jí $\beta$. Jiāoliú
用 $h_{FE}$ 挡 测量电流放大倍数，即 $\beta$。交流

diànliú hé zhíliú diànliú de $\beta$ jìnsì xiāngděng. Bǎ yǐnjiǎo chārù
电流和直流电流的 $\beta$ 近似相等。把引脚插入

sānjíguǎn chākǒu. Xiǎnshìpíng shang de shùzì jiù shì β, tā méiyǒu

三极管插口。显示屏 上 的数字就是 β，它没有

dānwèi.

单位。

---

## Testing the Collector, Emitter and β with DMM

In the previous lesson, we've identified the b and type of the triode. When judging, we have gotten two numbers around 0.7. For the measurement with a larger value, the probes were connected to b and c. For another time, the probes were connected to b and e.

Choose $h_{FE}$ gear to measure the current magnification, that is $\beta$. The $\beta$ of the AC and the DC is approximately equal. Insert the pins into the jacks of the triode. The number displayed on the screen is $\beta$, which has no unit.

---

🔍 课文练习 **Text Exercises**

**1. 根据课文选词填空。Fill in the blanks with the appropriate words according to the text.**

**1** 读数较大的那次测量，可以判断出_____。

　A. c 　　　　　　　　　　　B. e

**2** 读数较小的那次测量，可以判断出_____。

　A. c 　　　　　　　　　　　B. e

**3** β 是_____。

　A. 三极管的电流放大倍数 　　　B. 三极管的电压放大倍数

**4** _____可以测量 $\beta$。

　　A. 二极管挡　　　　　　　　　　B. $h_{FE}$ 挡

**2.** 根据课文给下列句子排序。**Sort the following sentences according to the text.**

**1** 把引脚插入三极管插口。

**2** 选择 DMM 的 $h_{FE}$ 挡测量电流放大倍数。

**3** 准备 DMM。

**4** 显示屏上的数就是 $\beta$。

---

## 学习语法　Grammar

 **语法点 1**　**Grammar Point 1**

**固定格式 "……的时候"**　The Fixed Structure "……的时候"

"……**的时候**"引出事件发生的时间，多用在句首。"**的时候**"前面可以是名词、动词、形容词、数量词、小句等。例如：

"……的时候" introduces the time of the event, often used at the beginning of a sentence. "的时候" can be preceded by a noun, verb, adjective, measure word, clause, etc. For example:

**1** Zài pànduàn de shíhou,　dédào liǎng gè 0.7 zuǒyòu de shù.
在 判断 的 时候，得到 两 个 0.7 左右 的 数。

**2** Jiǎncè diànwèiqì de shíhou,　xūyào xuǎnzé héshì de diànzǔdǎng.
检测 电位器 的 时候，需要 选择 合适 的 电阻挡。

**3** Dǎoxiàn pòle de shíhou,　xūyào yòng jiāodài juéyuán.
导线 破了 的 时候，需要 用 胶带 绝缘。

**语法点1练习**　Exercise on Grammar Point 1

选词填空。Fill in the blanks with the appropriate words.

> A. 用 DMM 测量容量　　B. 导线破了　　C. 指针偏转到右边　　D. 进车间

1️⃣ _____的时候，要穿防静电服。

2️⃣ _____的时候，测量过程跟测量瓷片电容一样。

3️⃣ _____的时候，需要用胶带绝缘。

4️⃣ _____的时候，电阻小。

**语法点2**　Grammar Point 2

> **方位词"左右"**　The Directional Word "左右"
>
> 方位词"左右"用在数词或数量词的后面，表示与某一数值相差不远，略多或略少。例如：
>
> The directional word "左右" is used after a numeral or a measure word to indicate an approximate number, meaning slightly more or less than a given number. For example:
>
> 1️⃣ Zài pànduàn de shíhou, dédào liǎng gè 0.7 zuǒyòu de shù.
> 在 判断 的 时候，得到 两个 0.7 左右 的 数。
>
> 2️⃣ Zhège chējiān de gōngrén yǒu 20 gè zuǒyòu.
> 这个 车间 的 工人 有 20 个 左右。
>
> 3️⃣ Jiāgōng zhège xiànlùbǎn xūyào 6 gè zuǒyòu de hànjiēgōng.
> 加工 这个 线路板 需要 6 个 左右 的 焊接工。

 **语法点 2 练习** **Exercise on Grammar Point 2**

给"左右"选择合适的位置。**Choose the appropriate positions for "左右".**

**1** 如果 A 显示屏上 B 的读数都在 0.7 C，则假设正确 D。 （　　　）

**2** A 焊接这个 B 直流电源 C 有 6 个 D 的工序。 （　　　）

**3** 如果 A 指针 B 保持在 0Ω C，表明电容已经坏了 D。 （　　　）

**4** 这个 A 车间 B 的工位 C 有 10 个 D。 （　　　）

## 汉字书写 Writing Chinese Characters

| qiú | 囚 | 囚 | 囚 | 囚 | 囚 | | | | | |
|---|---|---|---|---|---|---|---|---|---|---|
| 囚 | 囚 | 囚 | 囚 | 囚 | | | | | | |

| yīn | 因 | 因 | 因 | 因 | 因 | 因 | | | | |
|---|---|---|---|---|---|---|---|---|---|---|
| 因 | 因 | 因 | 因 | 因 | | | | | | |

| kùn | 困 | 困 | 困 | 困 | 困 | 困 | 困 | | | |
|---|---|---|---|---|---|---|---|---|---|---|
| 困 | 困 | 困 | 困 | 困 | | | | | | |

| huí | 回 | 回 | 回 | 回 | 回 | 回 | | | | |
|---|---|---|---|---|---|---|---|---|---|---|
| 回 | 回 | 回 | 回 | 回 | | | | | | |

# 职业拓展 Career Insight

## Spot Inspection of the Equipment

In order to improve and maintain the original performance of the production equipment, spot inspections are conducted using the five human senses (sight, hearing, smell, taste, and touch) or with the help of tools and instruments. According to the pre-set schedule and method, inspections are performed on specified parts (points) of the equipment to detect abnormalities and identify the hidden dangers and defects early, enabling early prevention and treatment. The preliminary inspection is called spot inspection, which is a basic system of workshop equipment management. The purpose is to accurately assess the technical status of the equipment, maintain and improve the working performance of the equipment, prevent accidents, reduce downtime, extend the life of the equipment, reduce maintenance costs, and ensure normal production.

# 小结 Summary

## 词语 Words

朗读下列词语。Read aloud the following words.

| | | | |
|---|---|---|---|
| 课程 | 中 | 时候 | 数 |
| 电流 | 交流电流 | 直流电流 | 没有 |

## 语法 Grammar

朗读下列句子。**Read aloud the following sentences.**

**1** 检测电位器的时候，需要选择合适的电阻挡。

**2** 导线破了的时候，需要用胶带绝缘。

**3** 在判断的时候，得到两个 0.7 左右的数。

**4** 这个车间的工人有 20 个左右。

## 课文理解 Text Comprehension

根据提示，复述课文的主要内容。**Retell the main content of the text according to the prompts.**

前面的课程中，已经判断出 b 和型号——根据得到较大数值的那次测量，可以判断出 c ——根据得到较小数值的那次测量，可以判断出 e ——用 $h_{FE}$ 挡测量 $\beta$ 值——把引脚插入三极管插口

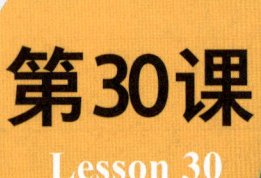

## 第30课
### Lesson 30

Jiāgōng dānxīn dǎoxiàn
# 加工单芯导线
## Processing a Single-Core Wire

## 复习 Revision

朗读词语。**Read the words aloud.**

① 课程　　② 中　　③ 时候

④ 数　　⑤ 电流　　⑥ 没有

## 热身 Warm-up

朗读词语。**Read the words aloud.**

| | | | |
|---|---|---|---|
| ① 单芯 <br> dānxīn | single core | ② 长度 <br> chángdù | length |
| ③ 准 <br> zhǔn | accurate | ④ 整齐 <br> zhěngqí | neat |
| ⑤ 损伤 <br> sǔnshāng | to damage | ⑥ 一般 <br> yìbān | general |

274

## 学习生词 Words and Expressions 🎧 30-01

| | | | | |
|---|---|---|---|---|
| 1 | 单 | dān | *adj.* | single |
| 2 | 芯 | xīn | *n.* | core |
| 3 | 要求 | yāoqiú | *v.* | to require |
| 4 | 长度 | chángdù | *n.* | length |
| 5 | 准 | zhǔn | *adj.* | accurate |
| 6 | 切口 | qiēkǒu | *n.* | cut, notch |
| 7 | 整齐 | zhěngqí | *adj.* | neat |
| 8 | 损伤 | sǔnshāng | *v.* | to damage |
| 9 | 绝缘皮 | juéyuánpí | *n.* | insulation sheath |
| 10 | 里面 | lǐmiàn | *n.* | inside |
| 11 | 线 | xiàn | *n.* | wire |
| 12 | 一般 | yìbān | *adj.* | general |
| 13 | 毫米 | háomǐ | *m.* | millimeter (mm) |
| 14 | 没有 | méiyǒu | *adv.* | without |
| 15 | 搪锡 | tángxī | *v.* | to tin |

📖 **词语练习** Word Exercises

**1.** 给下面的词语选择对应的图片。**Choose the corresponding pictures for the following words.**

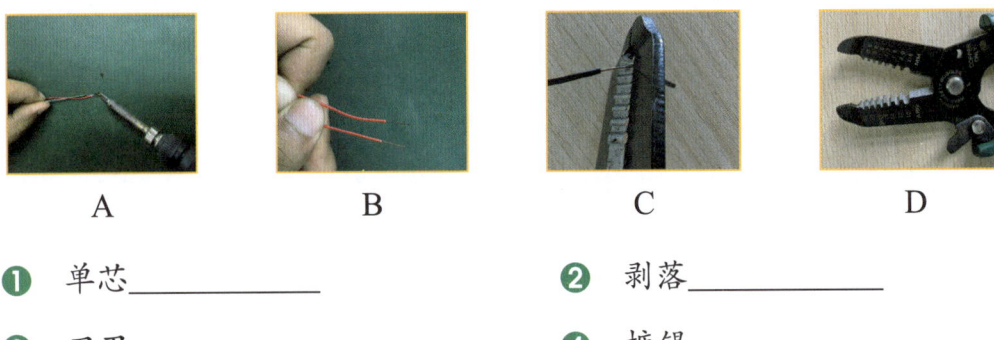

A         B         C         D

❶ 单芯＿＿＿＿＿＿　　　　❷ 剥落＿＿＿＿＿＿

❸ 刀刃＿＿＿＿＿＿　　　　❹ 搪锡＿＿＿＿＿＿

**2.** 朗读词语搭配。**Read aloud the word collocations.**

| ❶ 没有 | 没有损伤 | ❷ 一 | 一根 |
| --- | --- | --- | --- |
| | 没有单位 | | 一个 |
| | 没有绝缘 | | 一把 |

 **学习课文** Text 🎧 30-02

Jiāgōng　dānxīn　dǎoxiàn
## 加工 单芯 导线

Jiǎn　yì　gēn　dǎoxiàn.　Yòng piānkǒuqián huò bāoxiànqián jiǎn.
### 1. 剪 一 根 导线。用 偏口钳 或 剥线钳 剪。

Jiǎn de shíhou,　yāoqiú chángdù zhǔn、　qiēkǒu zhěngqí、　bù sǔnshāng
剪 的 时候，要求 长度 准、切口 整齐、不 损伤

dǎoxiàn hé juéyuánpí.
导线和绝缘皮。

Lùchū lǐmiàn de xīnxiàn （chángdù yìbān wéi 10 ~ 12
2. 露出里面的芯线（长度一般为 10 ~ 12

háomǐ）. Yòng bāoxiànqián bōluò dǎoxiàn liǎng duān de juéyuánpí.
毫米）。用 剥线钳剥落导线 两 端 的 绝缘皮。

Yāoqiú juéyuánpí bōluò zhěngqí, xīnxiàn méiyǒu sǔnshāng.
要求 绝缘皮 剥落 整齐，芯线 没有 损伤。

Tángxī. Duì lùchū de xīnxiàn yòng diànlàotie tángxī.
3. 搪锡。对 露出 的 芯线 用 电烙铁 搪锡。

## Processing a Single-Core Wire

1. Cut a wire. Cut with side-cutting pliers or wire stripper. When cutting, the length should be accurate, the cut should be clean, and the wire and insulation sheath should not be damaged.

2. Expose the core wire (the length is generally 10 *mm* to 12 *mm*). Use the wire stripper to remove the insulation sheath from both ends of the wire. The insulation sheath should be removed neatly and the core wire should remain undamaged.

3. Tin. Tin the exposed core wire with a soldering iron.

**课文练习 Text Exercises**

1. 根据课文选词填空。Fill in the blanks with the appropriate words according to the text.

**1** _____可以剪导线。

A. 偏口钳　　　　　　　　　B. 尖嘴钳

**2** _____可以剥落绝缘皮。

A. 镊子　　　　　　　　　　B. 剥线钳

**3** _____可以搪锡。

A. 电烙铁　　　　　　　　　B. 电位器

**4** 搪锡时，需要把_____熔化。

A. 绝缘皮　　　　　　　　　B. 焊锡

2. 根据课文给下列句子排序。Sort the following sentences according to the text.

**1** 搪锡。

**2** 露出芯线。

**3** 剪一根导线。

**4** 用剥线钳剥落导线两端的绝缘皮。

_____

# 学习语法 Grammar

 **语法点 1** **Grammar Point 1**

**否定副词"没有"** The Negative Adverb "没有"

**放在动词或形容词前面，表示否定动作或状态已经发生。例如：**

"没有" is placed before a verb or an adjective to negate the occurence of an action or state. For example:

Yāoqiú juéyuánpí bōluò zhěngqí, xīnxiàn méiyǒu sǔnshāng.
**1** 要求 绝缘皮 剥落 整齐，芯线 没有 损伤。

Diànbǐ de zhǐshìdēng méiyǒu liàng, biǎoshì wùtǐ méiyǒu diàn.
**2** 电笔 的 指示灯 没有 亮，表示物体没有 电。

Rúguǒ zhǐzhēn wànyòngbiǎo de zhǐzhēn méiyǒu dòng, biǎomíng diànróng nèibù yǐjīng duànkāi le.
**3** 如果 指针 万用表 的 指针 没有 动，表明 电容 内部 已经 断开 了。

 **语法点 1 练习** **Exercise on Grammar Point 1**

给"没有"选择合适的位置。**Choose the appropriate positions for "没有".**

**1** A 因为 B 遵守"禁止合闸"的 C 标志，所以工人触电 D 了。 （ ）

**2** 如果 A 摸 B 静电释放球，C 不能进车间 D。 （ ）

**3** 检测 A 电容的时候，如果 B 指针 C 动，表明电容内部 D （ ）
已经断开了。

**4** 剥落 A 绝缘皮的 B 时候，要求剥落 C 整齐，芯线 D 损伤。 （ ）

**语法点 2** Grammar Point 2

---

介词"对"　The Preposition "对"

**引出动作的对象。例如：**

It introduces the object of the action. For example:

Duì lùchū de xīnxiàn yòng diànlàotie tángxī.
**1** 对 露出 的 芯线　用 电烙铁 搪锡。

Duì bèi jiǎncè wùtǐ yòng jīnshǔ bǐjiān jiēchù jiǎncè.
**2** 对 被 检测 物体 用 金属 笔尖 接触 检测。

Duì jīxiè tiáolíng xuánniǔ yòng luósīdāo tiáozhěng.
**3** 对 机械 调零　旋钮　用 螺丝刀 调整。

---

 **语法点 2 练习**　Exercise on Grammar Point 2

选词填空。**Fill in the blanks with the appropriate words.**

> A. 电解电容　　B. 露出的芯线　　C. 被检测物体　　D. 电气火苗

**1** 对＿＿＿＿＿＿用金属笔尖接触检测。

**2** 对＿＿＿＿＿＿用 DMM 测量容量。

**3** 对＿＿＿＿＿＿用二氧化碳灭火器扑灭。

**4** 对＿＿＿＿＿＿用电烙铁搪锡。

 **汉字书写** Writing Chinese Characters

qū　区 区 区 区
区　区　区　区　区

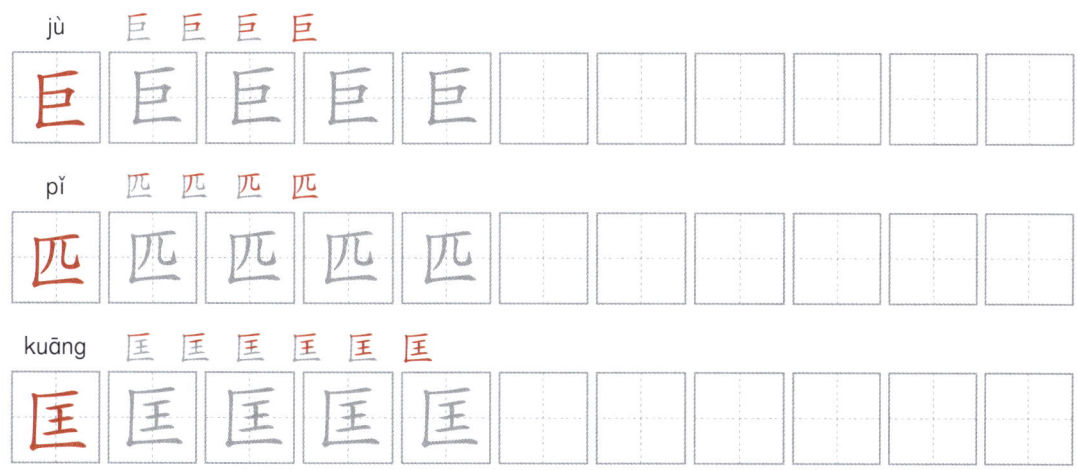

## 职业拓展 Career Insight

### The Great Wall

The Great Wall, also known as the Great Wall of China, is an ancient Chinese military fortification. Resources of the Great Wall are mainly distributed in 15 provinces, autonomous regions and municipalities directly under the central government, including Hebei, Beijing, Tianjin, Shanxi, Shaanxi, Gansu, Inner Mongolia, Heilongjiang, Jilin, Liaoning, Shandong, Henan, Qinghai, Ningxia and Xinjiang. According to the results of a national survey conducted by the Department of Cultural Relics and Surveying and Mapping, the total length of the Great Wall in the Ming Dynasty is 8,851.8 kilometers, while the length of the Great Wall in the Qin and Han dynasties and the early period is more than 10,000 kilometers, with a total length of more than 21,000 kilometers. In December 1987, the Great Wall was listed as a World Cultural Heritage.

## 小结 Summary

### 词语 Words

朗读下列词语。**Read aloud the following words.**

| | | | |
|---|---|---|---|
| 单 | 要求 | 长度 | 准 |
| 整齐 | 一般 | 毫米 | 搪锡 |

### 语法 Grammar

朗读下列句子。**Read aloud the following sentences.**

1 要求绝缘皮剥落整齐，芯线没有损伤。

2 电笔的指示灯没有亮，表示物体没有电。

3 对露出的芯线用电烙铁搪锡。

4 对被检测物体用金属笔尖接触检测。

### 课文理解 Text Comprehension

根据提示，复述课文的主要内容。**Retell the main content of the text according to the prompts.**

加工单芯导线——剪一根导线——剥落导线两端的绝缘皮——搪锡

## 第31课
### Lesson 31

Jiāgōng    duōxīn    dǎoxiàn
# 加工多芯导线
## Processing a Multi-Core Wire

---

## 复习 Revision

朗读词语。**Read the words aloud.**

1 单芯          2 要求          3 长度

4 准            5 里面          6 毫米

---

## 热身 Warm-up

朗读词语。**Read the words aloud.**

|   | duōxīn | | | | sōngsǎn | |
|---|---|---|---|---|---|---|
| 1 | 多芯 | multi-core | | 2 | 松散 | loose |
| | sōngjǐn | | | | shìdù | |
| 3 | 松紧 | degree of tightness | | 4 | 适度 | moderate |
| | juǎnqū | | | | qūbié | |
| 5 | 卷曲 | to crimp | | 6 | 区别 | distinguish |

## 学习生词 Words and Expressions  31-01

| 1 | 多 | duō | *adj.* | much, many |
|---|---|---|---|---|
| 2 | 和 | hé | *prep.* | with |
| 3 | 绞合 | jiǎohé | *v.* | to twist |
| 4 | 松散 | sōngsǎn | *adj.* | loose |
| 5 | 松紧 | sōngjǐn | *n.* | degree of tightness |
| 6 | 适度 | shìdù | *adj.* | moderate |
| 7 | 卷曲 | juǎnqū | *adj.* | curly |
| 8 | 断 | duàn | *v.* | to break |
| 9 | 股 | gǔ | *n.* | strand |
| 10 | 之 | zhī | *part.* | used between an attributive and a central word to indicate possession or general modification |
| 11 | 处 | chù | *n.* | place |

## 词语练习 Word Exercises

1. 给下面的词语选择对应的图片。Choose the corresponding pictures for the following words.

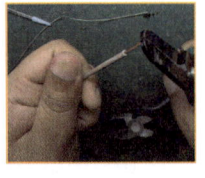
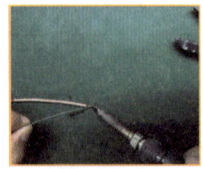

|  A  |  B  |  C  |  D  |

❶ 多芯 _____  ❷ 绞合 _____

❸ 对比 _____  ❹ 搪锡 _____

**2. 朗读词语搭配。Read aloud the word collocations.**

| ❶ 导线 | 加工导线 | ❷ 不 | 不卷曲 |
|---|---|---|---|
| | 单芯导线 | | 不断股 |
| | 多芯导线 | | 不好 |

## 学习课文 Text 🎧 31-02

Jiāgōng duōxīn dǎoxiàn
## 加工 多芯 导线

Jiǎn yì gēn dǎoxiàn.    Hé jiǎn dānxīnxiàn de yāoqiú xiāngtóng.
1.剪一根 导线。和剪单芯线的要求相同。

Lùchū duōxīnxiàn.    Hé bōluò dānxīnxiàn de yāoqiú xiāngtóng.
2.露出多芯线。和剥落单芯线的要求相同。

Jiǎohé duōxīnxiàn.    Yòng nièzi huò bāoxiànqián jiǎohé sōngsǎn
3.绞合 多芯线。用镊子或剥线钳绞合松散

de duōxīnxiàn.　Jiāgōng shí yào sōngjǐn shìdù,　bù juǎnqū,　bú

的 多芯线。加工 时 要 松紧 适度，不 卷曲，不

duàngǔ.　Shìfǒu yǒu jiǎohé xīnxiàn zhège bùzhòu,　shì jiāgōng dānxīnxiàn

断股。是否 有 绞合 芯线 这个 步骤，是 加工 单芯线

hé duōxīnxiàn de bù tóng zhī chù.

和 多芯线 的 不同 之处。

Tángxī.　Bǎ xīnxiàn jiǎohé hǎo le,　zài tángxī.

4.搪锡。把 芯线 绞合 好 了，再 搪锡。

## Processing a Multi-Core Wire

1. Cut a wire. The cutting requirements are the same as those for a single-core wire.

2. Expose the multi-core wire. The stripping requirements are the same as those for a single-core wire.

3. Twist the multi-core wire. Use tweezers or wire stripper to twist the loose cores. Ensure the twisting is moderately tight without crimping or breaking any strands. The twisting process is what distinguishes the processing of single-core wire from that of multi-core wire.

4. Tin. Tin after the wire is twisted.

## 课文练习 Text Exercises

**1. 根据课文选词填空。Fill in the blanks with the appropriate words according to the text.**

**1** 加工多芯导线有_____。

A. 三步　　　　　　　　　　B. 四步

**2** 是否有_____是多芯导线和单芯导线的不同之处。

A. 多根芯线　　　　　　　　B. 单根芯线

**3** 加工多芯导线多了_____这一步。

A. 搪锡　　　　　　　　　　B. 绞合

**4** 用_____绞合松散的芯线。

A. 镊子　　　　　　　　　　B. 电烙铁

**2. 根据课文给下列句子排序。Sort the following sentences according to the text.**

**1** 用镊子或剥线钳绞合松散的多芯线。

**2** 剪一根导线。

**3** 用剥线钳剥落导线两端的绝缘皮。

**4** 搪锡。

_____

# 学习语法 Grammar

 **语法点 1　Grammar Point 1**

**固定格式"和……相同"　The Fixed Structure "和……相同"**

"和……相同"属于比较句的一种，表示两种事物或两种情况没有差别。例如：

"和……相同" is a kind of comparative sentence, indicating that there is no difference between two things or two situations. For example:

1　Jiǎn duōxīn dǎoxiàn de shíhou,　hé jiǎn dānxīn dǎoxiàn de yāoqiú xiāngtóng.
　　剪 多芯 导线 的 时候，和 剪 单芯 导线 的 要求 相同。

2　Yòng bāoxiànqián bōluò duōxīn dǎoxiàn liǎng duān de juéyuánpí,　hé bō dānxīn dǎoxiàn de
　　用 剥线钳 剥落 多芯 导线 两 端 的 绝缘皮，和 剥 单芯 导线 的
　　yāoqiú xiāngtóng.
　　要求 相同。

3　Yòng héngwēn diànlàotie hànjiē diànróng de shíhou,　hé pǔtōng diànlàotie hànjiē de fāngfǎ
　　用 恒温 电烙铁 焊接 电容 的 时候，和 普通 电烙铁 焊接 的 方法
　　xiāngtóng.
　　相同。

 **语法点 1 练习　Exercise on Grammar Point 1**

用"和……相同"改写下列句子。**Rewrite the following sentences with "和……相同".**

1　剪多芯导线的要求跟剪单芯导线一样。

_____

2　用恒温电烙铁焊接电容的方法跟用普通电烙铁一样。

_____

**288**

❸ 用剥线钳剥落多芯导线绝缘皮的要求跟剥落单芯导线一样。

_____

❹ 测量电解电容的过程跟测量瓷片电容一样。

_____

## 语法点 2　Grammar Point 2

---

"把"字句（4）：把 + 宾语 + 动词 + 结果补语

"把" Sentences (4): 把 + Object + Verb + Result Complement

**表示处置，强调动作使某个确指的事物产生了结果。例如：**

It indicates disposal, emphasizing that an action produces a result of something specified. For example:

- - - - - - - - - - - - - - - - - - - - - - - - - - - -

❶
Bǎ xīnxiàn jiǎohé hǎo le,　zài tángxī.
把 芯线 绞合 好 了，再 搪锡。

❷
Bǎ diànlàotie yùrè hǎo,　zài huǎnhuǎn jiēchù hànxī.
把 电烙铁 预热 好，再 缓缓 接触 焊锡。

❸
Bǎ hóng、 hēi biǎobǐ hé liǎng gè yǐnjiǎo liánjiē hǎo hòu, cóng xiǎnshìpíng shang dú shù.
把 红、黑 表笔 和 两 个 引脚 连接 好 后，从 显示屏 上 读 数。

---

## 语法点 2 练习　Exercise on Grammar Point 2

把下列句子改成"把"字句。**Rewrite the following sentences into "把" sentences.**

❶ 预热好电烙铁后，再缓缓接触焊锡。

_____

**2** 加工好芯线后，再搪锡。

_____

**3** 戴好防静电帽后再进车间。

_____

**4** 测量瓷片电容的时候，需要准备好挡位盘。

_____

 **汉字书写 Writing Chinese Characters**

biān　边 边 边 边 边
边　边　边　边　边

jìn　近 近 近 近 近 近 近
近　近　近　近　近

yùn　运 运 运 运 运 运 运
运　运　运　运　运

yuǎn　远 远 远 远 远 远 远
远　远　远　远　远

## 职业拓展 Career Insight

### Standardized Management

Standardized management refers to the activities of formulating rules to address actual or potential problems in order to achieve the best order in the production, operation and management of enterprises. The construction of standardized management system is included in common economic and management education such as MBA. At present, standardized management generally refers to the standardized management system of enterprises. Enterprise standardization management is essentially the establishment and implementation of the enterprise standardization system (or enterprise standard system), which is composed of three components: technical standards, management standards and working standards.

## 小结 Summary

### 词语 Words

朗读下列词语。**Read aloud the following words.**

| | | | |
|---|---|---|---|
| 多 | 绞合 | 松散 | 适度 |
| 卷曲 | 断 | 股 | 处 |

## 语法　Grammar

朗读下列句子。**Read aloud the following sentences.**

**1** 把芯线绞合好了，再搪锡。

**2** 把电烙铁预热好，再缓缓接触焊锡。

**3** 剪多芯导线的时候，和剪单芯导线的要求相同。

**4** 用恒温电烙铁焊接电容的时候，和普通电烙铁焊接的方法相同。

## 课文理解　Text Comprehension

根据提示，复述课文的主要内容。**Retell the main content of the text according to the prompts.**

加工多芯线——剪一根多芯导线——剥落导线两端的绝缘皮——绞合——搪锡

第32课
Lesson 32

Hànjiē bùzhòu
焊接步骤
Welding Procedure

## 复习 Revision

朗读词语。**Read the words aloud.**

❶ 多芯      ❷ 绞合      ❸ 松散

❹ 松紧      ❺ 适度      ❻ 断股

## 热身 Warm-up

朗读词语。**Read the words aloud.**

❶ yìnzhì diànlùbǎn
印制电路板 printed circuit board (PCB)

❷ diǎn
点 point

❸ shǐ
使 to make, to cause

❹ wēndù
温度 temperature

❺ shēng
升 to rise

❻ màn
慢 slow

## 学习生词 Words and Expressions　🎧 32-01

| | | | | |
|---|---|---|---|---|
| 1 | 印制电路板 | yìnzhì diànlùbǎn | *phr.* | printed circuit board (PCB) |
| 2 | 地方 | dìfang | *n.* | place |
| 3 | 焊接点 | hànjiēdiǎn | *n.* | welding point |
| 4 | 使 | shǐ | *v.* | to make, to cause |
| 5 | 温度 | wēndù | *n.* | temperature |
| 6 | 升高 | shēnggāo | *phr.* | to rise |
| 7 | 一定 | yídìng | *adj.* | certain |
| 8 | 撤离 | chèlí | *v.* | to remove |
| 9 | 慢 | màn | *adj.* | slow |
| 10 | 度 | dù | *m.* | degree |
| 11 | 方向 | fāngxiàng | *n.* | direction |

## 词语练习 Word Exercises

**1.** 给下面的词语选择对应的图片。**Choose the corresponding pictures for the following words.**

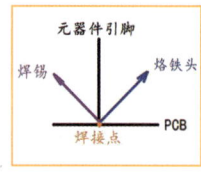

A　　　　　　B　　　　　　C　　　　　　D

❶ 焊接点＿＿＿＿　❷ 熔化＿＿＿＿　❸ 预热＿＿＿＿　❹ 方向＿＿＿＿

**2.** 朗读词语搭配。**Read aloud the word collocations.**

| ❶ 预热 | 预热焊接点 | ❷ 准备 | 准备电子元器件 |
|---|---|---|---|
| | | | 准备焊锡 |
| | 预热烙铁头 | | 准备支架 |
| | | | 准备 PCB |

学习课文　**Text**　🎧 32-02

Hànjiē bùzhòu
## 焊接步骤

　　　　　　Hànjiē zhǔnbèi.　Zhǔnbèi hǎo yìnzhì diànlùbǎn、 diànzǐ
　1. 焊接准备。准备好印制电路板、电子

yuánqìjiàn、 diànlàotie、 hànxī、 zhījià, fàng zài gōngrén hànjiē
元器件、电烙铁、焊锡、支架，放在工人焊接

de dìfang.
的地方。

　　　　　Yùrè hànjiēdiǎn.　Jiāng làotietóu fàng zài hànjiēdiǎn shang,
　2. 预热焊接点。将烙铁头放在焊接点上，

shǐ hànjiēdiǎn wēndù shēnggāo.
使焊接点温度升高。

<ruby>3<rt></rt></ruby>. 熔化焊锡。焊接点预热到一定温度，接下来使焊锡接触焊接点。焊锡熔化。

Rónghuà hànxī. Hànjiēdiǎn yùrè dào yídìng wēndù, jiē xialai shǐ hànxī jiēchù hànjiēdiǎn. Hànxī rónghuà.

4. 撤离烙铁头和焊锡。先慢后快，往45度方向撤离。

Chèlí làotietóu hé hànxī. Xiān màn hòu kuài, wǎng 45 dù fāngxiàng chèlí.

## Welding Procedure

1. Preparation for the welding. Prepare the PCB, electronic components, soldering iron, solder, and soldering iron holder. Place them in the welding area.

2. Preheat the welding point. Place the soldering iron tip on the welding point to warm it up.

3. Melt the solder. After the welding point is preheated to a certain temperature, bring the solder into contact with it. The solder melts.

4. Remove the soldering iron tip and solder. Start by removing them slowly, and then quickly, at a 45-degree angle.

## 课文练习 Text Exercises

**1. 根据课文选词填空。Fill in the blanks with the appropriate words according to the text.**

1 焊接有_____。

    A. 5 步                        B. 4 步

2 把烙铁头放在焊接点_____。

    A. 熔化焊锡                B. 使焊接点升温

3 _____熔化焊锡。

    A. 焊接点预热后           B. PCB 预热后

4 _____撤离烙铁头和焊锡。

    A. 焊锡熔化前            B. 焊锡熔化后

**2. 根据课文给下列句子排序。Sort the following sentences according to the text.**

1 预热焊接点。

2 熔化焊锡。

3 焊接准备。

4 撤离烙铁头和焊锡。

_____

# 学习语法 Grammar

**语法点 1　Grammar Point 1**

### 由"使"构成的兼语句　Pivotal Sentences with "使"

由"使"构成的兼语句是指由兼语短语"使 + 宾语 + 动词短语"充当谓语的句子。"使"的宾语同时又是动词的主语。兼语句一般表示使令意义。基本结构是：S + 使 + O + VP。例如：

A pivotal sentence with "使" is a sentence in which the pivotal phrase "使 + object + verb/adjective" acts as the predicate. The object of "使" is also the subject of verb. The pivotal sentence generally expresses the causative sense. The basic structure is "S + 使 + O + VP". For example:

1 　Hànjiēdiǎn yùrè dào yídìng wēndù, 　shǐ hànxī jiēchù hànjiēdiǎn.
　焊接点 预热 到 一定 温度，使 焊锡 接触 焊接点。

2 　Jiāng làotietóu fàng zài hànjiēdiǎn shang, shǐ hànjiēdiǎn shēngwēn.
　将 烙铁头 放 在 焊接点 上，使 焊接点 升温。

3 　Yòng luósīdāo tiáozhěng jīxiè tiáolíng xuánniǔ, shǐ zhǐzhēn yǔ língkèdù chónghé.
　用 螺丝刀 调整 机械 调零 旋钮，使 指针 与 零刻度 重合。

**语法点 1 练习　Exercise on Grammar Point 1**

给"使"选择合适的位置。**Choose the appropriate positions for "使".**

1 将 A 烙铁头 B 放在焊接点上，C 焊接点升温 D。　　　　　（　　）

2 A 把调温旋钮 B 设置成 350 ℃，C 烙铁头温度 D 到 350 ℃。　（　　）

3 焊接点 A 预热到一定温度，然后 B 焊锡 C 接触焊接点 D。　（　　）

4 A 调整 B 欧姆调零旋钮，C 指针与零刻度 D 重合。　　　　（　　）

### 🅰️ 语法点 2　Grammar Point 2

**插入语"接下来"　The Parenthesis"接下来"**

"接下来"用在两句话中间或第二句话的句首，表示引入下面的话题或步骤。例如：

"接下来" is used between two sentences or at the beginning of the second sentence to introduce the following topic or step. For example:

1 焊接点预热到一定温度，接下来使焊锡接触焊接点。
Hànjiēdiǎn yùrè dào yídìng wēndù, jiē xialai shǐ hànxī jiēchù hànjiēdiǎn.

2 先断开电源，接下来拔出灭火器的保险销。
Xiān duànkāi diànyuán, jiē xialai báchū mièhuǒqì de bǎoxiǎnxiāo.

3 准备红表笔、黑表笔，接下来插入插口。
Zhǔnbèi hóngbiǎobǐ, hēibiǎobǐ, jiē xialai chārù chākǒu.

### 🅰️ 语法点 2 练习　Exercise on Grammar Point 2

用"接下来"组句。 **Make sentences with "接下来".**

1 ①把电烙铁放在支架上　②连接电源，打开开关

_____

2 ①预热　②把加工好的导线插入焊盘

_____

3 ①断开电源　②拔出干粉灭火器的保险销

_____

4 ①焊接点预热到一定温度　②使焊锡接触焊接点

_____

## 汉字书写 Writing Chinese Characters

huà

化 化 化 化

化　化　化　化　化

huá

华 华 华 华 华 华

华　华　华　华　华

huā

花 花 花 花 花 花 花

花　花　花　花

huò

货 货 货 货 货 货 货 货

货　货　货　货

## 文化拓展 Culture Insight

### Beijing Roast Duck

Roast duck is a famous Beijing dish with a worldwide reputation. It was developed in Ming Dynasty and served as court food at that time. It is made from high-quality meat duck. It is roasted using wood and fruit. It is red in color and its meat is fat but not greasy. There are two main styles of Beijing Roast Duck, and the most famous roast duck restaurants in Beijing are the representatives of both. It is known as "the world's most delicious duck" for its red color, tender meat, mellow taste and fat but not greasy characteristics.

 # 小结 Summary

## 词语 Words

朗读下列词语。**Read aloud the following words.**

| | | | |
|---|---|---|---|
| 印制电路板 | 焊接点 | 使 | 温度 |
| 升高 | 一定 | 度 | 方向 |

## 语法 Grammar

朗读下列句子。**Read aloud the following sentences.**

1 焊接点预热到一定温度，使焊锡接触焊接点。

2 将烙铁头放在焊接点上，使焊接点升温。

3 焊接点预热到一定温度，接下来使焊锡接触焊接点。

4 先断开电源，接下来拔出干粉灭火器的保险销。

## 课文理解 Text Comprehension

根据提示，复述课文的主要内容。**Retell the main content of the text according to the prompts.**

准备焊接——预热焊接点——熔化焊锡——撤离电烙铁和焊锡